读书与治学

胡适 著

欧阳哲生 编选

生活·讀書·新知 三联书店

Copyright © 2022 by SDX Joint Publishing Company.
All Rights Reserved.
本作品版权由生活・读书・新知三联书店所有。
未经许可，不得翻印。

图书在版编目（CIP）数据

读书与治学／胡适著；欧阳哲生编选．—北京：生活・
读书・新知三联书店，2022.11 （2025.3 重印）
（三联精选）
ISBN 978 – 7 – 108 – 07329 – 7

Ⅰ.①读… Ⅱ.①胡… ②欧… Ⅲ.①读书方法②治学方法
Ⅳ.① G792 ② G795

中国版本图书馆 CIP 数据核字（2021）第 257132 号

责任编辑	赵庆丰　崔　萌
装帧设计	鲁明静
责任印制	董　欢
出版发行	生活・讀書・新知 三联书店
	（北京市东城区美术馆东街 22 号 100010）
网　　址	www.sdxjpc.com
经　　销	新华书店
印　　刷	北京隆昌伟业印刷有限公司
版　　次	2022 年 11 月北京第 1 版
	2025 年 3 月北京第 2 次印刷
开　　本	850 毫米 × 1092 毫米　1/32　印张 11
字　　数	206 千字
印　　数	5,001 – 7,000 册
定　　价	45.00 元

（印装查询：01064002715；邮购查询：01084010542）

出版说明

在现代文化史上，胡适（1891—1962）是个绕不开的人物。他原名胡洪骍，字适之，祖籍安徽绩溪。幼年的时候，他接受了传统的私塾教育，并且开始阅读古典小说，之后跟随兄长去上海，接触到进化论等新思想。1910年，20岁的胡适考取了庚子赔款留美官费生，初入康奈尔大学习农科，两年后根据自己的兴趣转入文学院，取得了文学学士学位。1915年又进入纽约哥伦比亚大学哲学系，师从杜威，自此深受其实证主义哲学影响。1917年，27岁的胡适应蔡元培之邀，回国出任北京大学教授。在其后的生涯里，胡适坚持不懈地以著述、演讲的方式勉励青年学子好书、读书，注重研究人生社会的切要问题，并于研究问题之中介绍学理，传授科学严谨的治学方法，提倡评判的态度，不迷信、不盲从、不随波逐流，要"大胆的假设、小心的求证"，从而寄望于以民主、科学的精神再造文明，在全社会形成中国的"文艺复兴"。由此，他成为五四新文化运动中很有影响的倡导者，被誉为"一代宗师"。

本书从胡适一生丰富的论著、讲演和书信中撷取文章三十余篇，专谈青年人应该怎样读书、怎样治学，由北京大学历史系的欧阳哲生教授汇编，分为"怎样读书""漫谈教学""确立志趣""训练思想""治理国学""论学书简"六卷。在这些文字中，有关于怎样读书、怎样养成良好的读书习惯、怎样获得科学的治学方法的经验总结；有对中国传统学术中的科学精神与方法的提炼；有对青年人即使步入社会也要坚持自学的劝诫……这些出自切身体验的话语浅显易懂，寓深刻的真理于朴素的表达之中，同时也包含很强的科学精神，体现了一代中国知识分子的内心关切。比如，他特别提倡在读书时要"勤、谨、和、缓"，要"不苟且"，"有几分证据，说几分话"，这些经验之谈不论对于正在求知问学的莘莘学子，还是已经踏入社会开始从事实际工作的有志青年，都会大有裨益，利于矫治浮躁、夸饰、急功近利的时下学风，养成积极健康的读书风气。

这本小册子初版于1999年，此次列入新"三联精选"，修正错漏，并添加编注，一些标点和字词用法与今日规范有所不同，一仍旧贯。希望这位学通中西、从传统走向现代的大学者的读书体验和治学方法，对今日青年学子仍有宝贵的借鉴意义。

生活·讀書·新知三联书店编辑部

2022年9月

目录
Contents

卷一 怎样读书

读　书　3

为什么读书　13

读书的习惯重于方法　21

找书的快乐　23

卷二 漫谈教学

中学国文的教授　33

再论中学的国文教学　49

黄谷仙论文审查报告　60

谈谈大学　64

大学的生活　68

教师的模范　75

卷三 确立志趣

中国公学十八年级毕业赠言　81

赠言北京大学哲学系毕业纪念　83

中学生的修养与择业　85

赠与今年的大学毕业生　95

一个防身药方的三味药　102

卷四　训练思想

少年中国之精神　111

思想的方法　116

智识的准备　122

中国哲学里的科学精神与方法　134

谈谈四健会的哲学　167

卷五　治理国学

清代学者的治学方法　175

一个最低限度的国学书目　207

治学的方法与材料　225

评论近人考据《老子》年代的方法　239

考证学方法之来历　274

校勘学方法论　282

　　——序陈垣先生的《元典章校补释例》

考据学的责任与方法　299

卷六　论学书简

做人与读书
　　——致胡祖望（1929年8月26日）315

要"小题大做"
　　——复吴晗（1931年9月12日）318

只有真话可使这个民族独立自主
　　——答陶希圣（1935年6月12日）320

文字不可轻作
　　——致罗尔纲（1936年6月23日）323

龟兔之喻
　　——致吴健雄（1936年10月30日）325

学术工作的"为人"与"为己"
　　——致王重民（1943年5月30日）327

思想不可变成宗教
　　——答陈之藩（1948年3月3日）331

存疑精神与宗教信仰
　　——答朱文长（1953年6月16日）334

训练良好的工作习惯
　　——复陈之藩（1957年5月2日）340

卷一 怎样读书

读 书

"读书"这个题,似乎很平常,也很容易。然而我却觉得这个题目很不好讲。据我所知,"读书"可以有三种说法:

(一)要读何书　关于这个问题,《京报副刊》上已经登了许多时候的"青年必读书";但是这个问题,殊不易解决,因为个人的见解不同,个性不同。各人所选只能代表各人的嗜好,没有多大的标准作用。所以我不讲这一类的问题。

(二)读书的功用　从前有人作《读书乐》,说什么"书中自有千钟粟,书中自有黄金屋,书中自有颜如玉",现在我们不说这些话了。要说,读书是求智识,智识就是权力。这些话都是大家会说的,所以我也不必讲。

(三)读书的方法　我今天是要想根据个人所经验,同诸位谈谈读书的方法。我的第一句话是很平常的,就是说,读书有两个要素:第一要精,第二要博。

现在先说什么叫"精"。

我们小的时候读书,差不多每个小孩都有一条书签,上面写十个字，这十个字最普遍的就是"读书三到：眼到，口到，心到"。现在这种书签虽不用，三到的读书法却依然存在。不过我以为读书三到是不够的；须有四到，是"眼到，口到，心到，手到"。我就拿它来说一说。

眼到是要各个字认得，不可随便放过。这句话起初看去似乎很容易，其实很不容易。读中国书时，每个字的一笔一画都不放过。近人费许多功夫在校勘学上，都因古人忽略一笔一画而已。读外国书要把 A，B，C，D 等字母弄得清清楚楚。所以说这是很难的。如有人翻译英文，把 port 看作 pork，把 oats 看作 oaks，于是葡萄酒一变而为猪肉，小草变成了大树。说起来这种例子很多，这都是眼睛不精细的结果。书是文字做成的，不肯仔细认字，就不必读书。眼到对于读书的关系很大，一时眼不到，贻害很大，并且眼到能养成好习惯，养成不苟且的人格。

口到是一句一句要念出来。前人说口到是要念到烂熟背得出来。我们现在虽不提倡背书，但有几类的书，仍旧有熟读的必要；如心爱的诗歌，如精彩的文章，熟读多些，于自己的作品上也有良好的影响。读此外的书，虽不须念熟，也要一句一句念出来，中国书如此，外国书更要如此。念书的功用能使我们格外明了每一句的构造，句中各部分的关系。往往一遍念不通，要念两遍以上，方才能明白的。读好的小说尚且要如此，何况读关于思想学问的书呢？

心到是每章每句每字意义如何？何以如是？这样用心考究。但是用心不是叫人枯坐冥想，是要靠外面的设备及思想的方法的帮助。要做到这一点，须要有几个条件：

（一）字典、辞典、参考书等等工具要完备。这几样工具虽不能办到，也当到图书馆去看。我个人的意见是奉劝大家，当衣服，卖田地，至少要置备一点好的工具。比如买一本韦氏大字典，胜于请几个先生。这种先生终身跟着你，终身享受不尽。

（二）要做文法上的分析。用文法的知识，做文法上的分析，要懂得文法构造，方才懂得它的意义。

（三）有时要比较参考，有时要融会贯通，方能了解。不可单看字面。一个字往往有许多意义，读者容易上当。例如 turn 这字：

作外动字解有十五解，

作内动字解有十三解，

作名词解有二十六解，

共五十四解，而成语不算。

又如 strike：

作外动字解有三十一解，

作内动字解有十六解，

作名词解有十八解，

共六十五解。

又如 go 字最容易了，然而这个字：

作内动字解有二十二解，

作外动字解有三解，

作名词解有九解，

共三十四解。

以上是英文字须要加以考究的例。英文字典是完备的；但是某一字在某一句究竟用第几个意义呢？这就非比较上下文，或贯串全篇，不能懂了。

中文较英文更难，现在举几个例：

祭文中第一句"维某年月日"之"维"字，究作何解？字典上说它是虚字。《诗经》里"维"字有二百多，必须细细比较研究，然后知道这个字有种种意义。

又《诗经》之"于"字，"之子于归""凤凰于飞"等句，"于"字究作何解？非仔细考究是不懂的。又"言"字人人知道，但在《诗经》中就发生问题，必须比较，然后知"言"字为连接字。诸如此例甚多。中国古书很难读，古字典又不适用，非是用比较归纳的研究方法，我们如何懂得呢？

总之，读书要会疑，忽略过去，不会有问题，便没有进益。

宋儒张载说："读书先要会疑。于不疑处有疑，方是进矣。"他又说："在可疑而不疑者，不曾学。学则须疑。"又说："学贵心悟，守旧无功。"

宋儒程颐说："学原于思。"

这样看起来，读书要求心到；不要怕疑难，只怕没有疑难。工具要完备，思想要精密，就不怕疑难了。

现在要说手到。手到就是要劳动劳动你的贵手。读书单靠眼到、口到、心到，还不够的；必须还得自己动动手，才有所得。例如：

（1）标点分段，是要动手的。

（2）翻查字典及参考书，是要动手的。

（3）做读书札记，是要动手的。札记又可分四类：

a. 抄录备忘。

b. 作提要、节要。

c. 自己记录心得。张载说："心中苟有所开，即便札记。不则还塞之矣。"

d. 参考诸书，融会贯通，作有系统的著作。

手到的功用。我常说：发表是吸收智识和思想的绝妙方法。吸收进来的智识思想，无论是看书来的，或是听讲来的，都只是模糊零碎，都算不得我们自己的东西。自己必须做一番手脚，或做提要，或做说明，或做讨论。自己重新组织过，申叙过，用自己的语言记述过，——那种智识思想方才可算是你自己的了。

我可以举一个例。你也会说"进化"，他也会谈"进化"，但你对于"进化"这个观念的见解未必是很正确的，未必是很清楚的；也许只是一种"道听途说"，也许只是一种时髦的口号。这种知识算不得知识,更算不得是"你的"知识。假使你听了我句话,不服气,今晚回去就去遍翻各种书籍,仔细研究进化论的科学上的根据;假使你翻了几天书之后,发愤动手,把你研究所得写成一篇读书札记;假使你真动手写了这么一篇《我为什么相信进化论?》的札记列举了:

(一)生物学上的证据;

(二)比较解剖学上的证据;

(三)比较胚胎学上的证据;

(四)地质学和古生物学上的证据;

(五)考古学上的证据;

(六)社会学和人类学上的证据。

到这个时候,你所有关于"进化论"的知识,经过了一番组织安排,经过了自己的去取叙述,这时候这些知识方才可算是你自己的了。所以我说,发表是吸收的利器;又可以说,手到是心到的法门。

至于动手标点、动手翻字典、动手查书,都是极要紧的读书秘诀,诸位千万不要轻轻放过。内中自己动手翻书一项尤为要紧。我记得前几年我曾劝顾颉刚先生标点姚际恒的《古今伪书考》。当初我知道他的生活困难,希望他标点一部书付印,卖几个钱。那部书是很薄的一本,我以为他一两个星期就可以标点完了。哪知顾先生一去半年,还不曾交卷。原来他于每条引的书,都去翻查原书、仔细校对、注明出处，注明原书卷第，注明删节之处。他动手半年之后，来对我说，《古今伪书考》不必付印了，他现在要编辑一部疑古的丛书，叫做"辨伪丛刊"。我很赞成他这个计划，让他去动手。他动手了一两年之后，更进步了，又超过那"辨伪丛刊"的计划了，他要自己创作了。他前年以来，对于中国古史，做了许多辨伪的文字；他眼前的成绩早已超过崔述了，更不要说姚际恒了。顾先生将来在中国史学界的贡献一定不可限量，但我们要知道他成功的最大原因是他的手到的功夫勤而且精。我们可以说，没有动手不勤快而能读书的，没有手不到而能成学者的。

第二要讲什么叫"博"。

什么书都要读，就是博。古人说"开卷有益"，我也主张这个意思，所以说读书第一要精，第二要博。我们主张"博"有两个意思：

第一，为预备参考资料计，不可不博。

第二，为做一个有用的人计，不可不博。

第一，为预备参考资料计。

在座的人，大多数是戴眼镜的。诸位为什么要戴眼镜？岂不是因为戴了眼镜，从前看不见的，现在看得见了；从前很小的，现在看得很大了；从前看不分明的，现在看得清楚分明了？王荆公说得最好：

> 世之不见全经久矣。读经而已，则不足以知经。故某自百家诸子之书，至于《难经》《素问》《本草》诸小说，无所不读；农夫女工，无所不问；然后于经为能知其大体而无疑。盖后世学者与先王之时异矣；不如是，不足以尽圣人故也……致其知而后读，以有所去取，故异学不能乱也。惟其不能乱，故能有所去取者，所以明吾道而已。(《答曾子固书》)

他说："致其知而后读。"又说："读经而已，则不足以知经。"即如《墨子》一书在一百年前，清朝的学者懂得此书还不多。到了近来，有人知道光学、几何学、力学、工程学……一看《墨子》，才知道其中有许多部分是必须用这些科学的知识方才能懂的。后来有人知道了伦理学、心理学……懂得《墨子》更多了。读别种书愈多，《墨子》愈懂得多。

所以我们也说，读一书而已，则不足以知一书。多读书，然后可以专读一书。譬如读《诗经》，你若先读了北大出版的《歌谣周刊》，便觉得《诗经》好懂得多了；你若先读过社会学、人类学，你懂得更多了；你若先读过文字学、古音韵学，你懂得更多了；你若读过考古学、比较宗教学等，你懂得的更多了。

你要想读佛家唯识宗的书吗？最好多读点伦理学、心理学、比较宗教学、变态心理学。无论读什么书总要多配几副好眼镜。

你们记得达尔文研究生物进化的故事吗？达尔文研究生物演

变的现状，前后凡三十多年，积了无数材料，想不出一个简单贯串的说明。有一天他无意中读马尔图斯[1]的人口论，忽然大悟生存竞争的原则，于是得着物竞天择的道理，遂成一部破天荒的名著，给后世思想界打开一个新纪元。

所以要博学者，只是要加添参考的材料，要使我们读书时容易得"暗示"；遇着疑难时，东一个暗示，西一个暗示，就不至于呆读死书了。这叫做"致其知而后读"。

第二，为做人计。

专工一技一艺的人，只知一样，除此之外，一无所知。这一类的人，影响于社会很少。好有一比，比一根旗杆，只是一根孤拐，孤单可怜。

又有些人广泛博览，而一无所专长，虽可以到处受一班贱人的欢迎，其实也是一种废物。这一类人，也好有一比，比一张很大的薄纸，禁不起风吹雨打。

在社会上，这两种人都是没有什么大影响，为个人计，也很少乐趣。

理想中的学者，既能博大，又能精深。精深的方面，是他的专门学问。博大的方面，是他的旁搜博览。博大要几乎无所不知，精深要几乎惟他独尊，无人能及。他用他的专门学问做中心，次

---

[1] 今译马尔萨斯。——编注

及于直接相关的各种学问，次及于间接相关的各种学问，次及于不很相关的各种学问，以次及毫不相关的各种泛览。这样的学者，也有一比，比埃及的金字三角塔。那金字塔（据最近《东方杂志》，第二十二卷第六号，页一四七）高四百八十英尺，底边各边长七百六十四英尺。塔的最高度代表最精深的专门学问；从此点依次递减，代表那旁搜博览的各种相关或不相关的学问。塔底的面积代表博大的范围、精深的造诣、博大的同情心。这样的人，对社会是极有用的人才，对自己也能充分享受人生的趣味。宋儒程颢说得好：

> 须是大其心使开阔：譬如为九层之台，须大做脚始得。

博学正所以"大其心使开阔"。我曾把这番意思编成两句精浅的口号，现在拿出来贡献给诸位朋友，作为读者的目标：

> 为学要如金字塔，
> 要能广大要能高。

十四，四，廿二夜改稿

（原载 1925 年 4 月 18 日《京报副刊》，收入《胡适文存三集》时，作者作了修改）

为什么读书

青年会叫我在未离南方赴北方之前在这里谈谈,我很高兴,题目是为什么读书。现在读书运动大会[1]开始,青年会拣定了三个演讲题目。我看第二题目怎样读书很有兴味,第三题目读什么书[2]更有兴味,第一题目无法讲,为什么读书,连小孩子都知道,讲起来很难为情,而且也讲不好。所以我今天讲这个题目,不免要侵犯其余两个题目的范围,不过我仍旧要为其余两位演讲的人留一些余地。现在我就把这个题目来试一下看。我从前也有过一次关于读书的演讲,后来我把那篇演讲录略事修改,编入三集文存里面,那篇文章题目叫做《读书》,[3]其内容性质较近于第二题目,诸位可以拿来参考。今天我就来试试为什么读书这个题目。

---

[1]"读书运动大会",上海青年会智育部干事沈嗣庄发起。会务设在青年会二楼。会期自11月6日至9日止。
[2]《读什么书》当时讲者为王云五先生。
[3]《读书》此篇已选入本书,见3—12页。——编注

读书与治学

从前有一位大哲学家[1]做了一篇"读书乐",说到读书的好处,他说:"书中自有千钟粟,书中自有黄金屋,书中自有颜如玉。"这意思就是说,读了书可以做大官,获厚禄,可以不至于住茅草房子,可以娶得年轻的漂亮太太(台下哄笑)。诸位听了笑起来,足见诸位对于这位哲学家所说的话不十分满意,现在我就讲所以要读书的别的原因。

为什么要读书?有三点可以讲:第一,因为书是过去已经知道的智识学问和经验的一种记录,我们读书便是要接受这人类的遗产;第二,为要读书而读书,读了书便可以多读书;第三,读书可以帮助我们解决困难,应付环境,并可获得思想材料的来源。我一踏进青年会的大门,就看见许多关于读书的标语。为什么读书?大概诸位看了这些标语就都已知道了,现在我就把以上三点更详细地说一说。

第一,因为书是代表人类老祖宗传给我们的智识的遗产,我们接受了这遗产,以此为基础,可以继续发扬光大,更在这基础之上,建立更高深更伟大的智识。人类之所以与别的动物不同,就是因为人有语言文字,可以把智识传给别人,又传至后人,再

---

[1]"一位大哲学家"疑为朱柏庐。惟宋真宗《劝学篇》中亦有此数语。其全文云:"富家不用买良田,书中自有千钟粟;安居不可架高堂,书中自有黄金屋;娶妻莫恨无良媒,书中有女颜如玉。出门莫恨无人随,书中车马多如簇。男儿欲遂平生志,五经勤向窗前读。"

加以印刷术的发明，许多书报便印了出来。人的脑很大，与猴不同，人能造出语言，后来更进一步而有文字，又能刻木刻字；所以人最大的贡献就是过去的智识和经验，使后人可以节省许多脑力。非洲野蛮人在山野中遇见鹿，他们就画了一个人和一只鹿以代信，给后面的人叫他们勿追。但是把智识和经验遗给儿孙有什么用处呢？这是有用处的，因为这是前人很好的教训。现在学校里各种教科，如物理、化学、历史，等等，都是根据几千年来进步的智识编纂成书的，一年，两年，或者三年，教完一科。自小学、中学，而至大学毕业，这十六年中所受的教育，都是代表我们老祖宗几千年来得来的智识学问和经验，所谓进化，就是叫人节省劳力，蜜蜂虽能筑巢、能发明，但传下来就只有这一点智识，没有继续去改革改良，以应付环境，没有做格外进一步的工作。人呢，达不到目的，就再去求进步，而以前人的智识学问和经验作参考。如果每样东西，要各个人从头学起，而不去利用过去的智识，那不是太麻烦吗？所以人有了这智识的遗产，就可以自己去成家立业，就可以缩短工作，使有余力做别的事。

第二点稍复杂，就是为读书而读书。读书不是那么容易的一件事情，不读书不能读书，要能读书才能多读书。好比戴了眼镜，小的可以放大，糊涂的可以看得清楚，远的可以变为近。读书也要戴眼镜。眼镜越好，读书的了解力也越大。王安石对曾子固说："读经而已，则不足以知经。"所以他对于本草、内经、小说，无所不读，这样对于经才可以明白一些。王安石说："致其知而后读。"

请你们注意，他不说读书以致知，却说，先致知而后读书。读书固然可以扩充知识；但知识越扩充了，读书的能力也越大。这便是"为读书而读书"的意义。

试举《诗经》作一个例子。从前的学者把《诗经》看作"美""刺"的圣书，越讲越不通。现在的人应该多预备几副好眼镜，人类学的眼镜、考古学的眼镜、文法学的眼镜、文学的眼镜。眼镜越多越好，越精越好。例如"野有死麕，白茅包之。有女怀春，吉士诱之"；我们若知道比较民俗学，便可以知道打了野兽送到女子家去求婚，是平常的事。又如"钟鼓乐之，琴瑟友之"，也不必说什么文王太姒，只可看作少年男子在女子的门口或窗下奏乐唱和，这也是很平常的事。再从文法方面来观察，像《诗经》里"之子于归""黄鸟于飞""凤凰于飞"的"于"字，[1]此外，《诗经》里又有几百个的"维"字，还有许多"助词""语词"，这些都是有作用而无意义的虚字，但以前的人却从未注意及此。这些字若不明白，《诗经》便不能懂。再说在《墨子》一书里，有点光学、力学，又有点经济学。但你要懂得光学，才能懂得墨子所说的光；你要懂得各种智识，才能懂得《墨子》里一些最难懂的文句。总

---

[1]"于"字参看《青年界》第四期胡适的《〈周南〉新解》。

之，读书是为了要读书，多读书更可以读书。最大的毛病就在怕读书，怕读难书。越难读的书我们越要征服它们，把它们作为我们的奴隶或向导，我们才能够打倒难书，这才是我们的"读书乐"。若是我们有了基本的科学知识，那末，我们在读书时便能左右逢源。我再说一遍，读书的目的在于读书，要读书越多才可以读书越多。

第三点，读书可以帮助解决困难，应付环境，供给思想材料。知识是思想材料的来源。思想可分作五步。思想的起源是大的疑问。吃饭拉屎不用想，但逢着三岔路口、十字街头那样的环境，就发生困难了。走东或走西，这样做或是那样做，有了困难，才有思想。第二步要把问题弄清，究竟困难在哪一点上。第三步才想到如何解决，这一步，俗话叫做出主意。但主意太多，都采用也不行，必须要挑选。但主意太少，或者竟全无主意，那就更没有办法了。第四步就是要选择一个假定的解决方法。要想到这一个方法能不能解决。若不能，那末，就换一个；若能，就行了。这好比开锁，这一个钥匙开不开，就换一个；假定是可以开的，那末，问题就解决了。第五步就是证实。凡是有条理的思想都要经过这步，或是逃不了这五个阶段。科学家要解决问题，侦探要侦探案件，多经过这五步。

这五步之中，第三步是最重要的关键。问题当前，全靠有主意（Ideas）。主意从哪儿来呢？从学问经验中来。没有智识的人，见了问题，两眼白瞪瞪，抓耳挠腮，一个主意都不来。学问丰富的人,见着困难问题,东一个主意,西一个主意,挤上来,涌上来,请求你录用。读书是过去智识学问经验的记录,而智识学问经验就是要用在这时候,所谓养军千日,用在一朝。否则,学问一些都没有,遇到困难就要糊涂起来。例如达尔文把生物变迁现象研究了几十年,却想不出一个原则去整统他的材料。后来无意中看到马尔萨斯的人口论,说人口是按照几何学级数一倍一倍地增加,粮食是按照数学级数增加,达尔文研究了这原则,忽然触机,就把这原则应用到生物学上去,创了物竞天择的学说。读了经济学的书,可以得着一个解决生物学上的困难问题,这便是读书的功用。古人说"开卷有益",正是此意。读书不是单为文凭功名,只因为书中可以供给学问知识,可以帮助我们解决困难,可以帮助我们思想。又譬如从前的人以为地球是世界的中心,后来天文学家科白尼[1]却主张太阳是世界的中心,地球绕着而行。据罗素说,科白尼所以这样的解说,是因为希腊人已经讲过这句话;假使希腊没有这句话,恐怕更不容易有人敢说这句话吧。这也是读书的好处。有一家书店印了一部旧小说,叫做《醒世姻缘》,要我作序。这部书是西周生所著的,印好在我家藏了六年,我还不曾考出西周生是谁。这部小说讲到婚姻问题,其内容是这样:有个好老婆,不知何故,后来忽然变坏,作者没有提及解决方法,

---

[1] 今译哥白尼。——编注

也没有想到可以离婚，只说是前世作孽，因为在前世男虐待女，女就投生换样子，压迫者变为被压迫者。这种前世作孽，起先相爱，后来忽变的故事，我仿佛什么地方看见过。后来忽然想起《聊斋》一书中有一篇和这相类似的笔记，也是说到一个女子，起先怎样爱着她的丈夫，后来怎样变为凶太太，便想到这部小说大约是蒲留仙或是蒲留仙的朋友做的。去年我看到一本杂记，也说是蒲留仙做的，不过没有多大证据。今年我在北京，才找到了证据。这一件事可以解释刚才我所说的第二点，就是读书可以帮助读书，同时也可以解释第三点，就是读书可以供给出主意的来源。当初若是没有主意，到了逢着困难时便要手足无措，所以读书可以解决问题，就是军事、政治、财政、思想等问题，也都可以解决，这就是读书的用处。

我有一位朋友，有一次傍着灯看小说，洋灯装有油，但是不亮，因为灯芯短了。于是他想到《伊索寓言》里有一篇故事，[1]说是一只老鸦要喝瓶中的水，因为瓶太小，得不到水，它就衔石投瓶中，水乃上来，这位朋友是懂得化学的，于是加水于灯中，油乃碰到灯芯。这是看《伊索寓言》给他看小说的帮助。读书好像用兵，养兵求其能用，否则即使坐拥十万二十万的大兵也没有用处，难道只好等他们"兵变"吗？

---

[1] 即《老鸦和水瓮》，见《伊所伯的寓言》（亚东版）第192面。

至于"读什么书",下次陈钟凡先生要讲演,今天我也附带讲一讲。我从五岁起到了四十岁,读了三十五年的书。我可以很诚恳地说,中国旧籍是经不起读的。中国有五千年文化,四部的书已是汗牛充栋。究竟有几部书应该读,我也曾经想过。其中有条理有系统的精心结构之作,二千五百年以来恐怕只有半打。"集"是杂货店,"史"和"子"还是杂货店。至于"经",也只是杂货店,讲到内容,可以说没有一些东西可以给我们改进道德增进智识的帮助的。中国书不够读,我们要另开生路,辟殖民地,这条生路,就是每一个少年人必须至少要精通一种外国文字。读外国语要读到有乐而无苦,能做到这地步,书中便有无穷乐趣。希望大家不要怕读书,起初的确要查阅字典,但假使能下一年苦功,继续不断做去,那末,在一二年中定可开辟一个乐园,还只怕求知的欲望太大,来不及读呢。我总算是老大哥,今天我就根据我过去三十五年读书的经验,给你们这一个临别的忠告。

(本文为1930年11月下旬胡适在上海青年会的演讲,文稿经胡适校正,原载1930年12月至1931年2月《现代学生》第1卷第3、5期)

读书的习惯重于方法

读书会进行的步骤，也可以说是采取的方式大概不外三种：

第一种是大家共同选定一本书读，然后互相交换自己的心得及感想。

第二种是由下往上的自动方式，就是先由会员共同选定某一个专题，限定范围，再由指导者按此范围拟定详细节目，指定参考书籍。每人须于一定期限内作成报告。

第三种是先由导师拟定许多题目，再由各会员任意选定。研究完毕后写成报告。

至于读书的方法我已经讲了十多年，不过在目前我觉得读书全凭先养成好读书的习惯。读书无捷径，是没有什么简便省力的方法可言的。读书的习惯可分为三点：一是勤，二是慎，三是谦。

勤苦耐劳是成功的基础，做学问更不能欺己欺人，所以非勤不可。其次，谨慎小心也是很需要的，清代的汉学家著名的如高邮王氏父子、段茂堂等的成功，都是遇事不肯轻易放过，旁人看不见的自己便可看见了。如今的放大几千万倍的显微镜，也不过想把从前看不见的东西现在都看见罢了。谦就是态度的谦虚，自己万不可先存一点成见，总要不分地域门户，一概虚心加以考察后，再决定取舍。这三点都是很要紧的。

其次，还有个买书的习惯也是必要的，闲时可多往书摊上逛逛，无论什么书都要去摸一摸，你的兴趣就是凭你伸手乱摸后才知道的。图书馆里虽有许多的书供你参考，然而这是不够的。因为你想往上圈画一下都不能。更不能随便批写。所以至少像对于自己所学的有关的几本必备书籍，无论如何，就是少买一双皮鞋，这些书是非买不可的。

青年人要读书，不必先谈方法，要紧的是先养成好读书、好买书的习惯。

（原载1935年5月14日《大学新闻周报》）

找书的快乐

主席、诸位先生：

我不是藏书家，只不过是一个爱读书，能够用书的书生，自己买书的时候，总是先买工具书，然后才买本行书，换一行时，就得另外买一种书。今年我六十九岁了，还不知道自己的本行到底是哪一门，是中国哲学呢，还是中国思想史，抑或是中国文学史？或者是中国小说史，《水经注》，中国佛教思想史，中国禅宗史？我所说的"本行"，其实就是我的兴趣，兴趣愈多就愈不能不收书了。十一年前我离开北平时，已经有一百箱的书，大约有一二万册。离开北平以前的几小时，我曾经暗想着：我不是藏书家，但却是用书家。收集了这么多的书，舍弃了太可惜，带吧，因为坐飞机又带不了。结果只带了一些笔记，并且在那一二万册书中，挑选了一部书，作为对一二万册书的纪念，这一部书就是残本的《红楼梦》。四本只有十六回，这四本《红楼梦》可以说是世界上最老的抄本。收集了几十年的书，到末了只带了四本，等于当兵缴了械，我也变成一个没有棍子，没有猴子的变把戏的叫化子。

这十一年来，又蒙朋友送了我很多书，加上历年来自己新买的书，又把我现在住的地方堆满了，但是这都是些不相干的书，自己本行的书一本也没有。找资料还需要依靠"中研院"史语所的图书馆和别的图书馆如台湾大学图书馆、中央图书馆等救急。

找书有甘苦，真伪费推敲

我这个用书的旧书生，一生找书的快乐固然有，但是，找不到书的苦处也尝到过。民国九年（1920）7月，我开始写《〈水浒传〉考证》的时候，参考的材料只有金圣叹的七十一回本《水浒传》《征四寇》及《水浒后传》等，至于《水浒传》的一百回本、一百一十回本、一百一十五回本、一百廿回本、一百廿四回本，还都没有看到。等我的《〈水浒传〉考证》问世的时候，日本才发现《水浒》的一百一十五回本及一百回本、一百一十回本及一百廿回本。同时我自己也找到了一百一十五回本及一百廿四回本。做考据工作，没有书是很可怜的。考证《红楼梦》的时候，大家知道的材料很多，普通所看到的《红楼梦》都是一百廿回本。这种一百廿回本并非真的《红楼梦》。曹雪芹四十多岁死去时，只写到八十回，后来由程伟元、高鹗合作，一个出钱，一个出力，完成了后四十回。乾隆五十六年（1791）的活字版排出了一百廿回的初版本，书前有程、高二人的序文说："世人都想看到《红楼梦》的全本，前八十回中黛玉未死，宝玉未娶，大家极想知道这本书的结局如何，但却无人找到全的《红楼梦》。近因程、高二人在一卖糖摊子上发现有一大卷旧书，细看之下，竟是世人遍寻无着的《红楼梦》后四十回，因此特加校订，与前八十回一并刊出。"可是天下这样巧的事很少，所以我猜想序文中的说法不可靠。

考证《红楼梦》，清查曹雪芹

三十年前我考证《红楼梦》时，曾经提出二个问题，这是研究红学的人值得研究的：一、《红楼梦》的作者是谁？作者是怎样一个人？他的家世如何？家世传记有没有可考的资料？曹雪芹所写的那些繁华世界是有根据的吗，还是关着门自己胡诌乱说？二、《红楼梦》的版本问题，是八十回，还是一百廿回？后四十回是哪里来的？那时候有七八种《红楼梦》的考证，俞平伯、顾颉刚都帮我找过材料。最初发现乾隆五十七年（1792）有程伟元序的乙本，其中并有高鹗的序文及引言七条，以后发现早一年出版的甲本，证明后四十回是高鹗所续，而由程伟元出钱活字刊印。又从其他许多材料里知道曹雪芹家为江南的织造世职，专为皇室纺织绸缎，供给宫内帝后、妃嫔及太子、王孙等穿戴，或者供皇帝赏赐臣下，后来在清理故宫时，从康熙皇帝一秘密抽屉内发现若干文件，知道曹雪芹的祖父曹寅，等于皇帝派出的特务，负责察看民心年成，或是退休丞相的动态，由此可知曹家为阔绰大户。《红楼梦》中有一段说到王熙凤和李嬷嬷谈皇帝南巡，下榻贾家，可知是真的事实。以后我又经河南的一位张先生指点，找到杨钟羲的《雪桥诗话》及《八旗文经》，以及有关爱新觉罗宗室敦诚、敦敏的记载，知道曹雪芹名霑、号雪芹，是曹寅的孙子，接着又找到了《八旗人诗抄》《熙朝雅颂集》，找到敦诚、敦敏兄弟赐送曹雪芹的诗，又找到敦诚的《四松堂集》，是一本清抄未删底本，其中有挽曹雪芹的诗，内有"四十年华付杳冥"句，下款年月日为甲申（即乾隆甲申廿九年，公元 1764 年）。从这里可以知道曹雪芹去世的年代，他的年龄为四十岁左右。

险失好材料，再评石头记

民国十六年我从欧美返国，住在上海，有人写信告诉我，要卖一本《脂砚斋评石头记》给我，那时我以为自己的资料已经很多，未加理会。不久以后和徐志摩在上海办新月书店，那人又将书送来给我看，原来是甲戌年手抄再评本，虽然只有十六回，但却包括了很多重要史料。里面有"壬午除夕，书未成，芹为泪尽而逝。甲午八月泪笔"的句子，指出曹雪芹逝于乾隆廿七年冬，即公元 1763 年 2 月 12 日，"字字看来皆是血，十年辛苦不寻常"

诗句，充分描绘出曹雪芹写《红楼梦》时的情态。脂砚斋则可能是曹雪芹的太太或朋友。自从民国十七年二月我发表了《考证〈红楼梦〉的新材料》之后，大家才注意到《脂砚斋评石头记》。不过，我后来又在民国廿二年从徐星署先生处借来一部庚辰秋定本脂砚斋四阅评过的《石头记》，是乾隆廿五年本，八十回，其中缺六十四、六十七两回。

谈《儒林外史》，推赞吴敬梓

现在再谈谈我对《儒林外史》的考证：《儒林外史》是部骂当时教育制度的书，批评政治制度中的科举制度。我起初发现的只有吴敬梓的《文木山房集》中的赋一卷（四篇），诗二卷（一三一首），词一卷（四七首），拿这当做材料。但是在一百年前，我国的大诗人金和，他在跋《儒林外史》时，说他收有《文木山房集》，有文五卷。可是一般人都说《文木山房集》没有刻本，我不相信，便托人在北京的书店找，找了几年都没有结果，到了民国七年才在带经堂书店找到。我用这本集子参考安徽《全椒县志》，写成一本一万八千字的《吴敬梓年谱》，中国小说传记资料，没有一个能比这更多的，民国十四年我把这本书排印问世。

如果拿曹雪芹和吴敬梓二人作一个比较，我觉得曹雪芹的思想很平凡，而吴敬梓的思想则是超过当时的时代，有着强烈的反抗意识。吴敬梓在《儒林外史》里，严刻地批评教育制度，而且有他的较科学化的观念。

有计划找书，考证神会僧

前面谈到的都是没有计划的找书，有计划的找书更是其乐无穷。所谓有计划的找书，便是用"大胆的假设，小心的求证"方法去找书，现在再拿我找神会和尚的事做例子，这是我有计划的找书：神会和尚是唐代禅宗七祖大师，我从《宋高僧钞》的慧能和神会传里发现神会和尚的重要，当时便作了个大胆的假设，猜想有关神会和尚的资料只有在日本和敦煌两地可以发现。因为唐朝时，日本派人来中国留学的很多，一定带回去不少史料，经过"小心的求证"，后来果然在日本找到宗密的《圆觉大疏钞》和《禅源诸诠集》，另外又在巴黎的国家图书馆及伦敦的大英博物馆发现数卷神会和尚的资料。知道神会和尚是湖北襄阳人，到洛阳、长安传布大乘佛法，并指陈当时的两京法祖三帝国师非禅宗嫡传，远在广东的六祖慧能才是真正禅宗一脉相传下来的。但是神会的这些指陈不为当时政府所取信，反而贬走神会。刚好那时发生安史之乱，唐玄宗远避四川，肃宗召郭子仪平乱，这时国家财政贫乏，军队饷银只好用度牒代替，如此必须要有一位高僧宣扬佛法令人乐于接受度牒。神会和尚就担任了这项推行度牒的任务。郭子仪收复两京（洛阳、长安），军饷的来源，不得不归功神会。安史之乱平了后，肃宗迎请神会入宫奉养，并且尊神会为禅宗七祖，所以神会是南宗的急先锋，北宗的毁灭者，新禅学的建立者，《坛经》的创作者，在中国佛教史上没有第二个人有这样伟大的功勋。我所研究的《神会和尚全集》可望在明年由"中央研究院"历史语言研究所出版。

最后，根据我个人几十年来找书的经验，发现我们过去的藏书的范围是褊狭的，过去收书的目标集于收藏古董，小说之类决不在藏书之列。但我们必须了解了解，真正收书的态度，是要无所不收的。

（本文为1959年12月27日胡适在台北"中国图书馆学会"年会上的演讲，原载1962年12月台北《中国图书馆学会会报》第14期）

卷二 漫谈教学

中学国文的教授

我是没有中学国文教授的经验的;虽然做过两年中学学生,但是那是十几年前的经验,现在已不适用了。况且当这个学制根本动摇的时代,我们全没有现成的标准可以依据,也没有过去的经验可以参考。我这个完全门外汉居然敢来高谈中学国文的教授,真是不自量力了!

但是门外汉有时也有一点用处。"内行"的教育家,因为专做这一项事业,眼光总注射在他的"本行",跳不出习惯法的范围。他们筹划的改革,总不免被成见拘束住了,很不容易有根本的改革。门外旁观的人,因为思想比较自由些,也许有时还能供给一点新鲜的意见,意外的参考材料。古人说的"愚者一得",大概也是这个道理。这就是我这回敢来演说"中学国文的教授"的理由了。

一、中学国文的目的是什么

我们现在既没有过去的标准可以依据,应该自己先定一个理想的标准。究竟中学的国文应该做到什么地位？究竟我们期望中学毕业生的国文到什么程度？

民国元年的《中学校令施行细则》第三条说：

> 国文要旨在通解普通语言文字，能自由发表思想，并使略解高深文字，涵养文学之兴趣，兼以启发智德。

这一条因为也是理想的，并不曾实行，故现在看来还没有什么大错误。即如"通解普通语言文字"一句，在当初不过是欺人的门面话，实在当时中学的国文与"普通语言"是无有关系的；但是到了现在国语进行的时候，这八个字反更有意义了。又如"并使略解高深文字"一句，当日很难定一个界说，现在把国语和古文分开，把古文来解"高深文字"，这句话便更容易解说了。

元年定的理想标准，照这八年的成绩看来，可算得完全失败。失败的原因并不在理想太高，实在是因为方法大错了。标准定的是"通解普通语言文字"，但是事实上中学校教授的并不是普通的语言文字，乃是少数文人用的文字，语言更用不着了！标准又定"能自由发表思想"，但是事实上中学教员并不许学生自由发表思想，却硬要他们用千百年前的人的文字，学古人的声调文体，说古人的话，——只不要自由发表思想！事实上的方法和理想上的标准相差这样远，怪不得要失败了！

我承认元年定的标准不算过高,故斟酌现在情形,暂定一个中学国文的理想标准:

(1)人人都用国语(白话)自由发表思想——作文,演说,谈话——都能明白通畅,没有文法上的错误。

(2)人人能看平易的古文书籍,如二十四史、《资治通鉴》之类。

(3)人人能作文法通顺的古文。

(4)人人有懂得一点古文文学的机会。

这些要求不算苛求吗?

二、假定的中学国文课程

定了标准,方才可谈中学国文的课程。现行的部定课程是:

第一年:讲读,作文,习字。　　　　　　　　　共七

第二年:讲读,作文,习字,文字源流。　　　　共七

第三年:讲读,作文,习字,文法要略。　　　　共五

第四年:讲读,作文,文法要略,文学史。　　　共五

依我们看来,现在中学校各项功课平均每周男校三十四时,女校三十三时,未免太重了。我们主张国文每周至多不能过五时,四周总数应在二十时以下。现在假定每周五时,暂定课程表如下:

年一:国语文一,古文三,文法与作文一。　　　共五

年二：国语文一，古文三，文法与作文一。　　　　　共五

年三：演说一，古文三，文法与作文一。　　　　　　共五

年四：辩论一，古文三，文法与作文一。　　　　　　共五

这表里删去的学科是习字、文字源流、文学史、文法要略四项。写字决不是每周一小时的课堂习字能够教得好的，故可删去。现有的《文法要略》《文字源流》，都是不通文法和不懂文字学的人编的，读了无益，反有害。（孙中山先生曾指出《文法要略》的大错，如谓鹄与猨为本名字，与诸葛亮、王猛同一类！）文学史更不能存在。不先懂得一点文学，就读文学史，记得许多李益、李颀、老杜、小杜的名字，却不知道他们的著作，有什么用处？

又，这表上"国语文"只有两时。我的理由是：

（1）第三四年的演说和辩论都是国语与国语文的实习，故这两年可以不用国语文了。

（2）我假定学生在两级小学时已有了七年的国语，可以够用了。

三、国语文的教材与教授法

先说"国语文"的教材。共分三部：

（1）*看小说*　看二十部以上，五十部以下的白话小说。例如《水浒》《红楼梦》《西游记》《儒林外史》《镜花缘》《七侠五

义》《二十年目睹之怪现状》《恨海》《九命奇冤》《文明小史》《官场现形记》《老残游记》《侠隐记》《续侠隐记》等等。此外，有好的短篇白话小说，也可以选读。

（2）白话的戏剧　此时还不多，将来一定会多的。

（3）长篇的议论文与学术文　因为我假定学生在两级小学已有了七年的白话文，故中学只教长篇的议论文与学术文，如戴季陶的《我的日本观》，如胡汉民的《惯习之打破》，如章太炎的《说六书》之类。

教材一层，最须说明的大概是小说一项。一定有人说《红楼梦》《水浒传》等书，有许多淫秽的地方，不宜用作课本。我的理由是：（1）这些书是禁不绝的。你们不许学生看，学生还是要偷看。与其偷看，不如当官看，不如有教员指导他们看。举一个极端的例：《金瓶梅》的真本是犯禁的，很不容易得着；但是假的《金瓶梅》——石印的，删去最精彩的部分，只留最淫秽的部分——却仍旧在各地火车站公然出卖！列位热心名教的先生们可知道吗？我虽然不主张用《金瓶梅》作中学课本，但是我反对这种"塞住耳朵吃海蜇"的办法！（2）还有一个救弊的办法，就是西洋人所谓"洗净了的版本"（expurgated edition），把那些淫秽的部分删节去，专作"学校用本"［即如柏拉图的《一夕话》[1]

---

[1] 指《会饮篇》。——编注

（Symposium）有两译本，一是全本，一是节本］。商务印书馆新出一种《儒林外史》，比齐省堂本少四回，删去的四回是沈琼枝一段事迹，因为有琼花观求子一节，故删去了。这种办法不碍本书的价值，很可以照办。如《水浒》的潘金莲一段尽可删改一点，便可作中学堂用本了。

次说国语文的教授法。

（1）小说与戏剧，先由教员指定分量——自何处起，至何处止——由学生自己阅看。

讲堂上只有讨论，不用讲解。

（2）指定分量之法，须用一件事的始末起结作一次的教材。如《水浒》劫"生辰纲"一件事作一次，闹江州又作一次；《儒林外史》严贡生兄弟一次，杜少卿作一次，娄家弟兄又作一次；又《西游记》前八回作一次。

（3）课堂上讨论，须跟着材料变换，不能一定。例如《镜花缘》上写林之洋在女儿国穿耳缠足一段，是问题小说，教员应该使学生明白作者"设身处地"的意思，借此引起他们研究社会问题的兴趣。又如《西游记》前八回是神话滑稽小说，教员应该使学生懂得作者为什么要写一个庄严的天宫盛会被一个猴子捣乱了。又如《儒林外史》写鲍文卿一段，教员应该使学生把严贡生一段比较着看，使他们知道什么叫做人类平等，什么叫做衣冠禽兽。

（4）无论是小说，是戏剧，教员应该点出布局，描写的技术，文章的体裁，等等。

（5）读戏剧时，可选精彩的部分令学生分任戏里的人物，高声演读。若能在台上演做，那更好了。

（6）长篇的议论文与学术文，也由学生自己预备，上课时教员指导学生讨论。讨论应注重：

（甲）本文的解剖：分段，分小节。

（乙）本文的材料如何分配使用。

（丙）本文的论理：看好文章的思想条理，远胜于读一部法式的论理学。

四、演说与辩论

须认明这两项是国语与国语文的实用教法。凡能演说，能辩论的人，没有不会做国语文的。做文章的第一个条件只是思想有条理，有层次。演说辩论最能帮助学生养成有条理系统的思想能力。

（1）择题　演说题须避太抽象，太笼统的题目。如"宗教"，如"爱国"，如"社会改造"等题，最能养成夸大的心理，笼统的思想。从前小学堂国文题如"富国强兵策"等等，就是犯了这个毛病。中学生演说应该选"肥皂何以能去污垢？""松柏何以能冬青？""本村绅士某某人卖选举票的可耻"一类的具体题目。辩论题须选两方面都有理可说的题，如"鸦片宜严禁"只有一方面，是不可用的。

（2）**方法** 演说辩论的班次不宜人数太多，太多了一个人每年轮不着几回；也不宜太少，太少了演说的人没有趣味。每班可分作小组，每组不可过十六人。演说不宜太长，十分钟尽够了。演说的人须先一星期就选定题目，先作一个大纲，请教员看过，然后每段发挥，作成全篇演说。辩论须先分组，每组两人，或三人。选定主张或反对的方面后，每组自己去搜集材料，商量分配的方法，发言的先后。

辩论分两步。第一步是"立论"，每组的组员按预定的次序发言。第二步是"驳论"，每组反驳对手的理由。预备辩论时，每组须计算反对党大概要提出什么理由来，须先预备反驳的材料。这种预备有两大益处：（1）可以养成敏捷精细的思想能力；（2）可以养成智识上的互助精神。辩论演说时，教员与学生各备铅笔，记录可批评的论点与姿势，下次上课时，大家提出讨论。

五、古文的教材与教授法

先说中学古文的教材。

（1）**第一学年** 第一年专读近人的文章。例如梁任公、康长素、严几道、章行严、章太炎等人的散文，都可选读。此外还应该多看小说。林琴南早年译的小说，如《茶花女遗事》、《战血余腥记》、《撒克逊劫后英雄略》、《十字军英雄记》，朱树人的《穑者传》等书，都可以看。还有著作不多的学者，如蔡子民《答林琴南书》、吴稚晖《上下古今谈序》，又如我的朋友李守常、李剑农、高一涵做的古文，都可以选读。平心而论，章行严一派的古文，李守常、李剑农、高一涵等在内——最没有流弊，文法很精密，论理也好，最适宜于中学模范近古文之用。

（2）第二三四学年　后三年应该多读古人的古文。我主张分两种教材：

（甲）选本。不分种类，但依时代的先后，选两三百篇文理通畅、内容可取的文章。从《老子》《论语》《檀弓》《左传》，一直到姚鼐、曾国藩，每一个时代文体上的重要变迁，都应该有代表。这就是最切实的中国文学史，此外中学堂用不着什么中国文学史了。

（乙）自修的古文书。最重要的还是学生自己看的书。一个中学堂的毕业生应该看过下列的几部书：

（a）史书：《资治通鉴》或四史（或《通鉴纪事本末》）。

（b）子书：《孟子》《墨子》《荀子》《韩非子》《淮南子》《论衡》等等。

（c）文学书：《诗经》是不可不看的。此外可随学生性之所近，选习两三部专集，如陶潜、杜甫、王安石、陈同甫之类。

我拟的中学国文课程中最容易引起反对的，大概就在古文教材的范围与分量。一定有人说："从前中学国文只用四本薄薄的古文读本，还教不出什么成绩来。现在你定的功课竟比从前增多了十倍！这不是做梦吗？"我的回答是：

第一，从前的中学国文所以没有成效，正因为中学堂用的书只有那几本薄薄的古文读本。我们试回头想想，我们自己做古文是怎样学的？是单靠八九十篇古文得来的呢，还是靠看小说看古文书得来的？我自己从来背不出一篇古文，但是因为我自小就爱看小说，看史书，看杂书，所以我还懂得一点古文的文法。古文的选本都是零碎的，没头没脑的，不成系统的，没有趣味的。因此，读古文选本是最没有趣味的事。因为没有趣味，所以没有成效。我可以武断现在中学毕业生能通中文的，都是自己看小说看杂志看书得来的，决不是靠课堂上几本古文选本得来的。我因此主张用"看书"来代替"讲读"。与其读王安石的《读孟尝君传》，不如看《史记》的《四公子列传》；与其读苏轼的《范增论》，不如看《史记》的《项羽本纪》；与其读林琴南的一部《古文读本》，不如看他译的一本《茶花女》。

第二，请大家不要把中学生当小孩子看待。现在学制的大弊就是把学生求知识的能力看得太低了。现在各级学堂的课程，都是为下下的低能儿定的，所以没有成绩。现在要谈学制革命，第一步就该根本推翻这种为下下的低能儿定的课程学科！

第三，我这个计划是假定两级小学都已采用国语做教科书了。国语代替文言以后，若不能于七年之内，使高小毕业生能做通顺的国语文，那便是国语教育的大失败。学生既通国语，又在中学第一年有了国语文法（见下），再来学古文，应该更容易好几倍；成绩应该加快好几倍。譬如已通一国文字的人，再学第二国文字时，成绩要快得多。这是我深信不疑的。所以我觉得我拟的中学古文课程并不是梦想，是可以用实地试验来决定的。

再说古文的教授法。上文说的用看书来代讲读，便是教授法的要点。每周三小时，每年至多不过四十周，合起来不过一百二十点钟，若全靠课堂上的讲读，一年能讲得几篇文章？所以我主张：学校但规定学科内容的范围与程度，教员自己分配每一课的分量，学生自己去预备本日指定的功课。学生须自己翻查字典，自己加句读，自己分章、分节。上课时，只有三件事可做：

（1）学生质问疑难，请教员帮助解释；教员可先问本班学生有能解释的没有；如没有人能解释，教员方可替他们解释。

（2）大家讨论所读的书的内容。教员提出论点，引起大家讨论；教员不当把一点钟的时间自己占据去，教员的职务在于指点出讨论的错误或不相干的讨论。

（3）教员可以随时加入一些参考材料。例如读章行严的文章时，教员应该讲民国三四年的政治形势，使学生知道他当时为什么主张调和，为什么主张联邦。

此外的方法，本文第三章已讲过，可以参用，不必重说了。

六、文法与作文

从前教作文的人大概都不懂文法，他们改文章全无标准，只靠机械地读下去，读得顺口便是，不顺口便不是，总讲不出为什么要这样做，为什么不可那样做。以后中学堂的国文教员应该有文法学的知识，不懂文法的，决不配做国文教员。所以我把文法与作文并归一个人教授。

先讲文法。

第一年，专讲国语的文法。要在一年之内，把白话文法的要旨都讲完。为什么先讲国语的文法呢？（1）因为学生有了七年的国语文，到中学一年的时候，应该把国语文的"所以然"总括起来讲解一遍，作一个国语教育的结束。（2）因为先有了国语的文法作底子，后来讲古文的文法便有了一种参考比较的材料，便更容易懂得了（我现在编一部《国语文法草案》，不久可以成书，此地不能细说国语文法的怎样编法了）。

第二三四年，讲古文的文法。

（1）用书　现在还没有好文法书。最好的书自然还要算《马氏文通》。《文通》有一些错误矛盾的地方，不可盲从；《文通》又太繁了，不合中学堂教本之用。但是《文通》究竟是一部空前的奇书，古文文法学的宝库。教员应该把《文通》仔细研究一遍，懂得了，然后可以另编一部更有条理、更简明易晓的文法书。

（2）教授法　讲古文的文法，应该处处同国语的文法对照比较，指出同的地方和不同的地方，何以变了，变的理由何在，变的长处或短处在什么地方。让我举几个例：

例一，白话说"我骗谁？"，古文要说"吾谁欺？"；白话说"你爱什么？你能做什么？"，古文要说"客何好，客何能？"。这是不同的句法。比较的结果得一条通则："若外动词的止词是一个疑问代名词，这个疑问代名词在白话里须放在外动词之后，在古文里须在外动词之前主词之后。"

例二，《论语》阳货欲见孔子一章，阳货在路上教训了孔子一顿，孔子答应道："诺，吾将仕矣。"同类的例如"原将降矣"，"赵将亡矣"。既用表示未来的"将"字，何以又用表示完了的"矣"字呢？再看白话说："大哥请回，兄弟去了""大哥多喝一杯，我要走了"。这是相同的句法，比较起来，可得一条通则："凡虚拟（Subjunctive）的将来，白话与古文都用过去的动词，古文用'矣'，白话用'了'。"分得更细一点，可得两式：

甲式	乙式
虽千万人吾往矣。	赵将亡矣。
我去了。	他要死了。

这种比较的教法功效最大。此外还可用批评法：由教员寻出古文中不合文法的例句，使学生指出错在何处，何以错了。我从前曾举林琴南"而方姚卒不之踣"一句，说"踣"是内动词，不

该有"之"字作止词。这种不通的句子古文里极多。前天上海《晶报》上有人举《孟子》"天油然作云,沛然下雨,则苗浡然兴之矣"一句,以为"兴"是内动词,不可有"之"字作止词。这个例很可为林先生解嘲! 这一类的例,使学生批评,可以增长文法的兴趣,可以免去文法的错误。

次讲作文。

(1)应该多做翻译,翻白话作古文,翻古文作白话文。翻译的用处最大:(一)练习文法的应用。例如讲动词的止词时,可令学生翻译"己所不欲,勿施于人","无所不能","他什么都不懂"等句,使他们懂得止词的位置有种种不同的变法。(二)译长篇可使学生练习有材料的文字。做文最忌没有话说。翻译现成的长篇,先有材料作底子,再讲究怎样说法,便容易了。

(2)若是出题目做的文章,应注意几点:(一)最好是令学生自己出题目;(二)千万不可出空泛或抽象的题目;(三)题目的要件是:第一要能引起学生的兴味,第二要能引学生去搜集材料,第三要能使学生运用已有的经验学识。

(3)学生平日做的笔记、杂志文章、长篇通信,都可以代替课艺。教员应该极力鼓励学生写长信、做有系统的笔记、自由发表意见。这些著作往往比敷衍的课艺高无数倍;往往有许多学生平日不能做一百字的《汉武帝论》,却能做几千字的白话通信。这种事实应该使做教员的人起一点自责的觉悟!

（4）作文的时间不可多，至多二周一次。作文都该拿下堂去做。

（5）改文章时，应该根据文法。合文法的才是通，不合文法的便是不通。每改一句，须指出根据哪一条文法通则。例如有学生做了"而方姚卒不之踏"，我圈去"之"字，须说明"之"字何以不通。又如学生做了"客好何？"，我改为"客何好？"或"客好何物？"，也须说明古文何以不可说"客好何？"。

（6）千万不可整篇涂去，由教员重作。如有内容论理上的错误，可由教员批出，但不可代做。

七、结　论

我这篇《中学国文的教授》，完全是理想的。一个人的理想自然是有限的，但我希望现在和将来的中学教育家肯给我一个试验的机会，使我这个理想的计划随时得用试验来证明哪一部分可行，哪一部分不可行，哪一部分应该修正。没有试验的主观批评是不能使我心服的。

我演说之后，有许多人议论我的主张，他们都以为我对于中学生的期望太高了。有人说："若照胡适之的计划，现在高等师范国文部的毕业生还得重进高等小学去读书呢！"这话固然是太过，但我深信我对于中学生的国文程度的希望，并不算太高。从国民学校到中学毕业是整整的十一年。十一年的国文教育，若不能做到我所期望的程度，那便是中国教育的大失败！

九年三月二十四日北京

（原载 1920 年 9 月 1 日《新青年》第 8 卷第 1 号）

再论中学的国文教学

今天的讲题是"中学的国文教学",两年前民国九年,我曾在北京发表过一次(参看《胡适文存》卷一,页三〇三以下),那时候没有什么标准,全凭理想立言。两年以来,渐觉得我那些主张有一部分是禁得起试验的,有一部分是无法试验的,有一部分是不能不修正的。此次再来讲演这个题目,先就旧主张略说一说,再加以两年来修正的地方,作为我的新主张。为讲演的便利,分为以下四段。

一、假定的"中学国文标准"

我在两年前定的——中学国文的理想标准是:

1. 人人能以国语自由发表思想。
2. 人人能看平易的古书。
3. 人人能作文法通顺的古文。
4. 人人有懂得古文文学的机会。

这几个标准,我现在修改作以下三条:

（1）人人能用国语自由发表思想——作文，演说——都能明白晓畅，没有文法上的错误。这一条与旧主张第一条无大差异。我所持理由：因为国语文容易学习，容易通晓，而且实在重要。以我数年来的观察，可以说：中学生作古文的，都没有什么成绩。有许许多多中等学校毕业生都不能用古文发表他自己的思想。然而在这几年之中，能做通顺的白话文的中学生却渐渐多起来了。我们认定一个中学生至少要有一个自由发表思想的工具,故用"能作国语文"为第一个标准。

（2）国语文通顺之后，方可添授古文，使学生渐渐能看古书，能用古书。学生先学习国语文到了明白通顺的程度，然后再去学习古文，所谓"事半功倍"，自然是容易得多。学外国文也是如此，先学好了一种欧洲语言，然后再去学第二种，必定容易得多。还有一个证据是：据我们的观察和研究所得，可以断定有许多文字明白通畅的人，都不是在讲堂上听教师讲几篇唐宋八家的残篇古文而得的成绩；实在是他们平时或课堂上偷看小说而来的结果。由此我们可以知道国语可以帮助古文的学习了。

（3）作古体文但看作实习文法的工具，不看作中学国文的目的。因为在短时期内，难望学生能作长篇的古文；即使能作，也没有什么用处。这次本社年会国语国文教学分组里，黎锦熙先生提了一个议案，他说："中学作文仍应以国语文为主，……愿意学习文言文者，虽可听其自由，但只可当做随意科……"，可以做个参考。

以上讲完了中学国文标准，现在讲第二段。

二、假定的"中学国文课程"

前年假定的是：国语文占四分之一，古文占四分之三。四年合计，中学课程以二十时为准：国语文所占五小时内，白话文应占二小时，语法与作文一小时，演说一小时，辩论一小时；古文所占十五小时内，古文选本应占十二小时，文法与作文应占三小时。

现在我拟定两个国文课程的标准是：

1. 在小学未受过充分的国语教育的，应该注意下列三项：

（一）宜先求国语文的知识与能力。

（二）继续授国语文至二三学年，第三四学年内，始得兼授古文，但钟点不得过多。

（三）四学年内，作文均应以国语文为主。

2. 国语文已通畅的，也分为下列三项：

（一）宜注重国语文学与国语文法学。

（二）古文钟点可稍加多，但不得过全数三分之二。

（三）作文则仍应以国语文为主。

以上为中学的国文课程。以下再讲第三段。

三、国语文的教材和教授法

1. 国语文的教材：国语文的教材与九年定的大略相同，不过现在的新主张比较旧主张略有增加。

（一）小说

（二）戏剧与诗歌

（三）长篇议论文与学术文

（四）古白话文学选本，依时代编纂，约自唐代的诗、词、语录起，至晚清为止。这种选本可使学生知道——白话文非少数人提倡来的，乃是千余年演化的结果。我们溯逭上去，自现在以至于古代，各个时代都有各个时代很好的白话文，都可供我们的选择。有许多作品，如宋人的白话小词、元人的白话小令、明清人的白话小说，都是绝好的文学读物。

（五）国语文的文法

2. 国语文的教授法：此与九年所拟的完全相同。

（一）指定分量，由学生自修。讲堂上只有讨论，不用讲解。注入式的教授，自不容于当代的新潮流，教员在讲堂上，除了补充和讨论以外，实在没有讲解的必要。

（二）用演说、辩论作国语的实用教授法。国语文既是一种活的文字，就应当用活的语言作活的教授法。演说、辩论……都是活的教授法，都能帮助国语教学的。我可以说："长于演说的人，一定能作好的文章；辩论家也是一样。"

各种国语教材的教授法，我在两年前已大略说过了。只有新添的"古白话文学"与"文法"两项可以提出来略说一点。

教授古白话文学时，应讲演白话文学的兴起、变迁的历史，指出选例的价值。

教授国语文法时，可略依下列之三条原则：

第一，于极短时期中，教完文法中"法式的"部分。所谓法式的部分，就是名词分几类，动词分几类，什么叫"主词"……

第二，然后注重国语文法的特别处。如"把他杀了"的"把"字；"我恨不得把这班贪官污吏杀的干干净净"的"的"字；"宋江杀了人了"的两个"了"字；"放了手罢"的"了"字；"那个在景阳冈上打虎的武松"的"的"字……这些都是国语文法的特别处，是应当特别注重的。

第三，改正不合文法的文句。有许多的国语文句是不合文法的，应当随时改正。比如：

"除非过半数的会员出席，大会才开得成。"

这一句的上半句用"除非"，下半句不能用肯定，所以应该改为：

"除非过半数会员出席，大会是开不成的。"

如此，才能免于文法上的错误。

以上讲完了国语文，现在讲古文之部。

四、古文的教材和教授法

前年的计划之中，这一项惹起了最多的怀疑，而我自己这两年的观察也使我觉得这一项所以不能实施的原因了。现在先摘要说明我前年的主张。

1. 古文的教材：

第一学年，专读近人的文章，自梁任公到章太炎，都可选读。此外还应多看文言的小说，如《战血余腥记》《秽者传》等。

第二三四学年，分两种：

（甲）古文选本，从《老子》《檀弓》到姚鼐、曾国藩，每一个时代的重要作者，都应选入；于选本之中，包括古文文学史的性质。

（乙）自修的古文书，一个中学毕业生应该看过下列的几部书：

（A）史书：《资治通鉴》，或《纪事本末》等。

（B）子书：《孟子》《墨子》《荀子》《韩非子》《淮南子》《论衡》……

（C）文学书：《诗经》之外，随学生性质所近，选习两三种专集，如陶潜、杜甫、王安石、苏轼等。

2．古文教授法：

（甲）教员分配分量，学生自己去预备。

（乙）讲堂上没有逐篇逐句讲解的必要，只有质疑问难，大家讨论两项事可做。

（丙）教员除解答疑难，引导讨论外，可以随时加入参考的材料。

以上是我两年前的主张。这个理想的计划，到现在看来，很像是完全失败了。教材的分量，早就有人反对了；教授古文，注重自修，大家也觉得难以实行。但这种失败，我还不肯认为根本的失败。我至今承认我当年主张的理由（看《文存》卷一，页三一五——三一六）没有什么大错。我以为我的主张此时所以不能不失败，只为了一个原因，就是没有相当的设备。

三四年前普通见解总是愁白话文没有材料可教；现在我们才知道白话文还有一些材料可用，倒是古文竟没有相当的教材可用。我曾说，"那几本薄薄的古文读本是决不会教出什么成绩来的"。这话我至今认为不错。但除了那本古文读本之外，还有什么适当于教科的书籍吗？我提倡学生自读古书，但是有几部古书可以便于自修呢？我曾举《资治通鉴》，但现行的《资治通鉴》——宋本、百衲本、局本、石印——哪一部可以供普通中学学生的自修呢？我又说过各种"子书"，但现在的子书可有一部适用的吗？就拿最简短的《老子》来说罢，王弼本与河上公本是最通行的了；

然而清朝古学大师对于《老子》的校勘训诂——如王念孙、俞樾等——至今没有人搜集成一种便于自修的"集注"。究竟"常无欲以观其妙，常有欲以观其徼"二句应该读"常无""常有"为两小顿呢，还是读两个"欲"字作小顿呢？"常"字是作"常常"解呢，还是依俞樾作"尚"字解呢？

我又说过《诗经》，但是《诗经》不经过一番大整理是不配作教本的。二百年来，学者专想推翻朱熹的《诗集传》，但朱《传》仍旧是社会上最通行的本子。现在有几个中学国文教员能用胡承珙、马瑞辰、陈奂一班汉学家的笺疏呢？有几个能用姚际恒或龚橙的见解呢？究竟毛《传》，郑《笺》，孔《疏》，朱《传》……哪一家对呢？究竟齐诗、鲁诗、韩诗、毛诗的异同，有没有参考比较的价值呢？究竟"关关雎鸠"一篇是泛指"后妃之德"呢，还是美文王的后妃呢，还是刺她的曾孙媳妇康王后呢，还是老老实实的一首写相思的诗呢？这一部书，经过朱熹的整理，又经过无数学者的整理，然而至今还只是一笔糊涂账；专门研究的人还弄不清楚，何况中学学生呢？若我们也糊里糊涂地把朱熹的《诗集传》做课本，叫学生把《关雎》当做"后妃之德"的诗，那就是瞒心昧己，害人子弟了！

总之，我说的"没有相当的设备"，是说古书现在还不曾经过一番相当的整理。古书不经过一番新式的整理，是不适宜于自修的，我们不看见英美学生读的莎士比亚的戏剧吗？莎士比亚生当三百年前，他的戏剧若不整理，也就不好懂了。我们试拿三百年前刻的"四开"（Quarto）"对开"（Folio）的古本《莎士比亚集》，比较现在学校用的那些有详序，有细注，有校勘记的本子，方才可以知道整理古书在教学上的重要了。

整理古书的方法，现在不能细说，只可说几个必不可少的条件：

（1）加标点符号。

（2）分段。

（3）删去繁重的，迂谬的，不必有的旧注。

（4）酌量加入必不可少的新注——这两条，我且举一个例。《诗经》的第一首，旧序与旧注都可删去，但注下列的几处：

a."关雎"是什么？

b."洲"字、"逑"字、"芼"字。

c."荇菜"是什么？

d."左右流之"的"流"字，下有"之"字，明是外动词，与"水流"的"流"不同，故应加注。

e."思服"二字，应酌采诸家之说，定一适当之注。

（5）校勘。用古本善本校勘异同，订正讹脱。

（6）考订真假。如《书经》的《古文》一部分是二百年来经学大师多认为假的了。如《庄子》的《说剑》《让王》《盗跖》诸篇，是宋人就认为假的了。

（7）作介绍及批评的序跋。每书应有详明的序跋，内中至少

应有下列各项:

a．著作人的小传。

b．本书的历史,如序《书经》,应述"今古文"的公案。

c．本书的价值,如序《诗经》,应指出它的文学价值。

有了这一番整理的功夫,我们就可以有一套《中学国故丛书》了。这部丛书的内容,大概有下列各种书:

(1)《诗经》(2)《左传》(3)《战国策》(4)《老子》

(5)《论语》(6)《墨子》(7)《庄子》(8)《孟子》

(9)《荀子》(10)《韩非子》(11)《楚辞》(12)《史记》

(13)《淮南子》(14)《汉书》(15)《论衡》(16)《陶潜》

(17)《杜甫》(18)《李白》(19)《白居易》(20)《韩愈》

(21)《柳宗元》(22)《欧阳修》(23)《王安石》

(24)《朱熹》(25)《陆游》(26)《杨万里》

(27)《辛弃疾》(28)《马致远》

(29)《关汉卿》(30)《元曲选》(31)《明曲选》……

(这不过是随便举例,读者不可拘泥。)

有了这几十部或几百部整理过的古书,中学古文的教授便没有困难了。教材有了,自修是可能的了,教员与学生的参考材料也都有了。教员可以自由指定材料,而学生自修也就有乐无苦了。到了这个时候,我可以断定中学生的古文程度比现在大学生还要高些!大家如不相信,请努力多活几年,让我们实验给你们看!

（附记）这篇前三段是用杨君的笔记,末一段是我后来重作的。

十一,八,十七

（原载1922年8月27日至28日《晨报副镌》）

黄谷仙论文审查报告

本论文为《韩退之传》,凡分七章。其八、九两章均是选录作品,只可作为附录。

这篇传屡经改稿,此为最后改定稿,每章之末有"辨异",对旧谱传颇多辨正。其辨韩会非退之"从父兄",辨退之非七岁能文,辨他随裴度出征在元和十二年而非十一年,辨退之《原道》诸篇应从朱子说,作于贬阳山之时,皆甚确当。

此传文字颇平实,征引材料亦颇详备,于退之一生事迹,叙述甚有条理。但综合观之,此传尚多缺陷,分别论列如下:

第一,退之一生有三大贡献,此传都不曾充分记叙。所谓三大贡献者:一为排斥佛教,二为提倡古文,三为诗歌上的创体。此传于排佛一事,稍有叙述,而无甚发挥。如用《原道》而不能指出其中之"划时代之精义";如用《论佛骨表》,仅摘其中一段,而不用其中最大胆的部分,皆为失当。提倡古文虽不始于退之,而退之所以被推为"文起八代之衰,而道济天下之溺",必有其故。此传于此事,几乎无一语提及,仅于附录中摘抄退之论文诸条。为退之作详传,遗此一大事,则全传所记皆成细碎琐屑,未免有买椟还珠的遗憾了。退之的诗,用作文的方法,用说话的口气,实开百余年后"宋诗"的风气。此传颇用退之诗作传记材料,但于他的诗歌的文学的价值,及其演变的痕迹,均无所发明,亦是一桩缺陷(作者另有《骈文时代的散文》一篇,其中有"提倡古文不起于韩愈"各章均应抽出作为本传的一部分,或可补此传之不足)。

第二,此传的原料都是学者习见的材料,若没有敏锐的眼光来作新鲜的解释,此传必无所发明。作者功力甚勤,而识力不足,往往不能抓住材料的重要性,因此往往不能充分利用所得的材料。例如张籍规劝退之之两书及退之答书两篇,都是绝好传记材料,陈寅恪先生曾举出其中之一个小点,著为专文,甚有所发明。而此传于引此四札之前,仅作"退之喜口头论道,与人争论,张籍写信劝他"寥寥十七字的引论,岂非辜负此一组绝好史料?其实此四札所示,约有五六端,皆关重要:(一)张籍第一书开端即云"顷承论于执事",此下长论,重述退之之言,即是《原道》一篇的缩本,最可以考见退之此时的思想。(二)籍书又云:"自扬子云作《法言》至今近千载,莫有言圣人之道者,言之者唯执事焉耳。"此可见退之的根本见解在此时已时时向朋友谈说,朋友之中,"习俗者闻之多怪而不信",但知心的朋友,如张籍之徒,已承认他是扬子云之后的第一人,承认他"言论文章不谬于古人","聪明文章与孟轲、扬雄相若"。此是何等重要的传记史料!(三)退之答书说明所以不著书之故，第一书说"惧吾力之未至"，第二书才直说是畏祸，说是不敢"昌言排之"，说是顾虑"其身之不能恤"。这又是何等重要史料！（四）退之喜"为博塞之戏，与人竞财"。（五）退之"多尚驳杂无实之说，使人陈之于前以为欢"，"每见其说，亦拊抃呼笑"。陈寅恪先生考证此二书所谓"驳杂无实之说"即是当时盛行的传奇小说。（六）退之与人"商论之际，或不容人之短，如任私尚胜者"。——以上六事，作者皆未能充分利用，甚为可惜。举此一例，可见其余，余如《原道》《论佛骨表》之未能充分利用，已见上节了。此病为此传最大毛病，其病根在识力见解之平凡。如退之《送无本》一诗，作者仅引其"家住幽都远，未识气先感。来寻吾何能？无殊嗜昌歜"四句！如《山石》一诗，作者仅引其最末六句。此病不易医也。

第三，关于体例，此传也可商榷。中国传记旧体，以"年谱"为最详。其实"年谱"只是编排材料时的分档草稿，还不是"传记"。编"年谱"时，凡有年代可考的材料，细大都不可指充，皆须分年编排。但作"传记"时，当着重"剪裁"，当抓住传主的最大事业，最要主张，最热闹或最有代表性的事件，其余的细碎琐事，无论如何艰难得来，无论考订如何费力，都不妨忍痛舍弃。其不在舍弃之列者，必是因为此种细碎琐事有可以描写或渲染"传主"的功用。中国"年谱"之作，起于"诗谱""文谱"，往往偏于细碎，而忽略大体。此传原稿是"年谱"体，今虽改作而细碎之病未除，剪裁之功不足,故于"传主"之一生大事业都不能用力渲染。改善之法,当于编年记叙之外,另列专题的专篇,如"排佛",如"古文",如"诗歌",或可有生色。

总之,此传功力甚勤,而识力不足,虽可作为乙种论文,当须大大地改作,始能成一部可读的传记。

廿五,六,廿一　胡适

(收入耿云志主编《胡适遗稿及秘藏书信》第5册)

谈谈大学

今天承各位青年朋友如此热烈欢迎,深感荣幸,本人于四年前曾来台中,当时所听到有关于东大者,仅仅是一个董事会,甚至连校名也未曾确定,四年后的今天,东大不仅是开学了,而且有这么好的建筑,这么幽静的环境,最高班也已至三年级了,这种迅速的进度,实在令人敬佩,我愿意借今天的机会向各位道喜!

我在美国时,曾看过贝聿铭先生的建筑设计,今天在此地又看到东大的校舍,诸位能在这么一个美丽的建筑,安静的环境中,安居乐业,专心研究,实在是够幸运了!昨天我在北沟看到许多名贵的古籍和历代的艺术作品,就联想到贵校的地理优势,假如诸位每周都能有机会看看故宫文物和"中央"图书馆的藏书,真是太理想了,因为这两个宝库中所收藏的,全是我国的精华,不仅是国宝,即在全世界,也占着最崇高的价值。

我现在已决定回美后,于本年秋间,和内子带一些破烂的书籍一同回来,那时希望有更多的时间,一方面研究,一方面可以多来东大看看,多作几次有关学术的讲演。

东大是一所私立的大学,到底私人设立的大学,对于一个国家的历史和地位又有什么关系，什么影响呢？记得二十余年前，抗日战事没有发生时，从北平到广东，从上海到成都，差不多有一百多所的公私立大学，当时每一个大学的师生都在埋头研究，假如没有日本的侵略，敢说我国在今日世界的学术境域中，一定占着一席重要的地位，可惜过去的一点基础现在全毁了。所以诸位今天又得在这一个宝岛上，有如平地起楼台，这是何等艰巨的一份工作啊！

说到这里，我们应该想想今天我们的国家在世界上，又占着一个怎样的地位！这当然有很多的原因，但其中一点我们不能否认，也必须了解的，就是有关于公私立大学校的延续问题，我国可考的历史固然已有四千年，但一直到今天还没有一个有过六十年以上历史的大学。我国第一个大学，是在汉武帝时，由公孙弘为相，发起组织，招收学生所设立的太学，这所太学，就是今日公立大学的起源，不过在设立之初只有五个教授，五十个学生，也就是所谓五经博士。一百多年后，王莽篡汉时，这个太学不仅建筑扩大了，而且学生人数，也达到一万人，光武中兴时的许多政坛人物，多是出身自这所太学，到第二世纪，这所太学的学生已发展到三万多人，比当今之哈佛、哥伦比亚等，毫无逊色。最可惜的，是当时政治腐败达于极点，因此许多的太学生，就开始批评政治，进而干预，结果演成党锢之祸，使太学蒙受影响。其后各代虽也有太学，但没有多大作用，到最后太学生可以用钱捐买，因此就不成为太学了。此外汉代也有私人讲学，其学生多少不等，有的三五百，有的二三千，这可以说是私立大学的起源，如郑玄所创者，即是一个很好的例子。

自纪元200年郑玄逝世，至1200年朱熹逝世，在这一千年中，中国的学术多靠私人讲学传授阐扬，不过因政治问题，常受到压迫。虽然环境如此，但私人讲学并没有因此而中辍，而且仍旧成为传播学术的重要基础，如历代的书院与学派的盛行，都是实例。

中国的高等教育虽然发达得很早，但是不能延续，没有一个历史悠久的学校，比起欧美来，就显然落后了，即使新兴的国家如菲律宾，也有三百多年历史的圣多玛大学，美国的历史只有一百六十余年，而美国的大学如哈佛、哥伦比亚等，都有二三百年的历史，至于欧洲，尤其古老，如意大利就有一千年和九百多年历史的大学，英国的牛津和剑桥历史也达到八九百年，若几百年历史的大学，在德法等国也为数不少，为什么历史不及我们的国家，会有那么长远历史的大学，而我国反而没有呢？因为人家的大学有独立的财团，独立的学风，有坚强的组织，有优良的图书保管，再加上教授可以独立自由继续的研究，和坚强的校友会组织，所以就能历代相传，悠久勿替，而我们的国家多少年来都没有一个学校能长期继续，实在是很吃亏的。

这几十年来，教会在中国设立了很多优良的大学和中学，它们对于近代的学术实在有很多的贡献和影响，可惜现在又都没有了，因此这些光荣的传统，就不得不再落于诸位的身上。中国的私立学校是否在将来世界的学术上占一席地，其在世界的高等教育中又若何，可以说都是诸位的责任，我以为私立学校有其优点，它比较自由，更少限制，所以我希望东海能有一个好榜样，把握着自由独立的传统，以为其他各校的模范，因为只有在自由独立的原则下，才能有高价值的创造，这也就是我今天所希望于诸位的。

（本文为1958年5月7日胡适在台中东海大学的演讲，原载1958年5月8日台北《中央日报》《新生报》）

大学的生活

校长，主席，各位同学：

我刚才听见主席说今天大家都非常愉快和兴奋，我想大家一定会提出抗议的，在这大热的天气，要大家挤在一起受罪，我的内心感到实在不安，我首先要向各位致百分之百的道歉。回来后一直没有做公开演讲，有许多团体来邀请，我都谢绝了，因为每次演讲房子总是不够用。以前在三军球场有过一次演说，我也总以为房子是没问题了，但房子仍是不够。今天要请各位原谅，实在不是我的罪过，台大代联会邀请了几次，我只好勉强答应下来。

前两天我就想究竟要讲些什么，我问了钱校长和好几位朋友，他们都很客气，不给我出题，就是主席也不给我出题。今天既是台大代联会邀请，那么，我想谈谈大学生的生活，把我个人的或者几位朋友的经验，贡献给大家，也许可作各位同学的借镜，给各位一点暗示的作用。

记得在1949年应傅斯年校长之请，在中山堂作一次公开演讲。我也总以为房子够用了，谁知又把玻璃窗弄破了不少。从1949年到今天已有八九年的工夫了，这九年来，看到台大的进步和发展,不仅在学生人数方面已增加到七千多,设备、人才和学科方面也进步很多,尤其是医农两学院的进步,更得国外来参观过的教育家很大的赞誉。这是我要向校长、各位同学道贺的。

不过,我又听见许多朋友讲,目前很多学生选择科系时,从师长的眼光看,都不免带有短见,倾向于功利主义方面。天才比较高的都跑到医工科去,而且只走入实用方面,而又不选择基本学科,譬如学医的,内科、外科、产科、妇科,有很多人选,而基本学科譬如生物化学、病理学,很少青年人去选读,这使我感到今日的青年不免短视,戴着近视眼镜去看自己的前途与将来。我今天头一项要讲的,就是根据我们老一辈的对选科系的经验,贡献给各位。我讲一段故事。

记得四十八年前,我考取了官费出洋,我的哥哥特地从东三省赶到上海为我送行,临行时对我说,我们的家早已破坏中落了,你出国要学些有用之学,帮助复兴家业,重振门楣,他要我学开矿或造铁路,因为这是比较容易找到工作的,千万不要学些没用的文学、哲学之类没饭吃的东西。我说好的,船就要开了。那时和我一起去美国的留学生共有七十人,分别进入各大学。在船上我就想,开矿没兴趣,造铁路也不感兴趣,于是只好采取调和折中的办法,要学有用之学,当时康奈尔大学有全美国最好的农学院,于是就决定进去学科学的农学,也许对国家社会有点贡献吧!那时进康大的原因有二:一是康大有当时最好的农学院,且不收学费，而每个月又可获得八十元的津贴；我刚才说过，我家破了产，母亲待养，那时我还没结婚，一切从俭，所以可将部分的钱拿回养家。另一是我国有百分之八十的人是农民，将来学会了科学的农业，也许可以有益于国家。

入校后头一星期就突然接到农场实习部的信，叫我去报到。那时教授便问我："你有什么农场经验？"我答："没有。""难道一点都没有吗？""要有嘛，我的外公和外婆，都是道地的农夫。"教授说："这与你不相干。"我又说："就是因为没有，才要来学呀！"后来他又问："你洗过马没有？"我说："没有。"我就告诉他中国人种田是不用马的。于是老师就先教我洗马，他洗一面，我洗另一面。他又问我会套车吗，我说也不会。于是他又教我套车，老师套一边，我套一边，套好跳上去，兜一圈子。接着就到农场做选种的实习工作，手起了泡，但仍继续忍耐下去。农复会的沈宗瀚先生写一本《克难苦学记》，要我和他作一篇序，我也就替他作一篇很长的序。我们那时学农的人很多，但只有沈宗瀚先生赤过脚下过田，是唯一确实有农场经验的人。学了一年，成绩还不错，功课都在八十五分以上。第二年我就可以多选两个学分，于是我选种果学，即种苹果学。分上午讲课与下午实习。上课倒没有什么，还甚感兴趣；下午实验，走入实习室，桌上有各色各样的苹果三十个，颜色有红的、有黄的、有青的……形状有圆的、有长的、有椭圆的、有四方的……要照着一本手册上的标准，去定每一苹果的学名，蒂有多长，花是什么颜色，肉是甜是酸，是软是硬，弄了两个小时。弄了半个小时一个都弄不了，满头大汗，真是冬天出大汗。抬头一看，呀！不对头，那些美国同学都做完跑光了，把苹果拿回去吃了。他们不需剖开，因为他们比较熟习，查查册子后面的普通名词就可以定学名，在他们是很简单。我只弄了一半，一半又是错的。回去就自己问自己学这个有什么用。要是靠当时的活力与记性，用上一个晚上来强记，四百多个名字都可记下来应付考试。但试想有什么用呢？那些苹果在我国烟台也没有，青岛也没有，安徽也没有……我认为科学的农学无用了，于是决定改行，那时正是民国元年，国内正在革命的时候，也许学别的东西更有好处。

那么，转系要以什么为标准呢？依自己的兴趣呢，还是看社会的需要？我年轻时候《留学日记》有一首诗，现在我也背不出来了。我选课用什么做标准？听哥哥的话，看国家的需要，还是凭自己？只有两个标准：一个是"我"；一个是"社会"，看看社会需要什么，国家需要什么，中国现代需要什么，但这个标准——社会上三百六十行，行行都需要，现在可以说三千六百行，从诺贝尔得奖人到修理马桶的，社会都需要，所以社会的标准并不重要。因此，在定主意的时候，便要依着自我的兴趣了，即性之所近，力之所能。我的兴趣在什么地方，与我性质相近的是什么，问我能做什么，对什么感兴趣。我便照着这个标准转到文学院了。

但又有一个困难，文科要缴费，而从康大中途退出，要赔出以前二年的学费，我也顾不得这些。经过四位朋友的帮忙，由八十元减到三十五元，终于达成愿望。在文学院以哲学为主，英国文学、经济、政治学之门为副。后又以哲学为主，经济理论、英国文学为副科。到哥伦比亚大学后，仍以哲学为主，以政治理论、英国文学为副。我现在六十八岁了，人家问我学什么，我自己也不知道学些什么。我对文学也感兴趣，白话文方面也曾经有过一点小贡献。在北大，我曾做过哲学系主任、外国文学系主任、英国文学系主任，中国文学系也做过四年的系主任，在北大文学院六个学系中，五系全做过主任。现在我自己也不知道学些什么，我刚才讲过现在的青年太倾向于现实了，不凭性之所近，力之所能去选课。譬如一位有作诗天才的人，不进中文系学作诗，而偏要去医学院学外科，那么文学院便失去了一个一流的诗人，而国内却添了一个三四流甚至五流的饭桶外科医生，这是国家的损失，也是你们自己的损失。

今日台大可说是岛内唯一最完善的大学，各位不要有成见，戴着近视眼镜来看自己的前途，看自己的将来。听说入学考试时有七十二个志愿可填，这样七十二变，变到最后不知变成了什么，当初所填的志愿，不要当做最后的决定，只当做暂时的方向。要在大学一二年的时候，东摸摸西摸摸地瞎摸。不要有短见，十八九岁的青年仍没有能力决定自己的前途、职业。进大学后第

大学的生活

一年到处去摸、去看,探险去,不知道的我偏要去学。如在中学时候的数学不好,现在我偏要去学,中学时不感兴趣,也许是老师不好。现在去听听最好的教授的讲课,也许会提起你的兴趣。好的先生会指导你走上一个好的方向,第一二年甚至于第三年还来得及,只要依着自己"性之所近,力之所能"地做去,这是清代大儒章学诚的话。

现在我再说一个故事,不是我自己的,而是近代科学的开山大师——伽利略,他是意大利人,父亲是一个有名的数学家,他的父亲叫他不要学他这一行,学这一行是没饭吃的,要他学医。他奉命而去。当时意大利正是文艺复兴的时候,他到大学以后曾被教授和同学捧誉为"天才的画家",他也很得意。父亲要他学医,他却发现了美术的天才。他读书的佛劳伦斯[1]地方是一工业区,当地的工业界首领希望在这大学多造就些科学的人才,鼓励学生研究几何,于是在这大学里特为官儿们开设了几何学一科,聘请一位叫 Ricci 氏当教授。有一天,他打从那个地方过,偶然地定脚在听讲,有的官儿们在打瞌睡,而这位年轻的伽利略却非常感兴趣。于是不断地一直继续下去,趣味横生,便改学数学,由于浓厚的兴趣与天才,就决心去东摸摸西摸摸,摸出一条兴趣之路,创造了新的天文学、新的物理学,终于成为一位近代科学的开山

---

[1] 今译佛罗伦萨。——编注

大师。

　　大学生选择学科就是选择职业。我现在六十八岁了，我也不知道所学的是什么。希望各位不要学我这样老不成器的人。勿以七十二志愿中所填的一愿就定了终身，还没有的，就是大学二三年也还没定。各位在此完备的大学里，目前更有这么多好的教授人才来指导，趁此机会加以利用。社会上需要什么，不要管它，家里的爸爸、妈妈、哥哥、朋友等，要你做律师、做医生，你也不要管他们，不要听他们的话，只要跟着自己的兴趣走。想起当初我哥哥要我学开矿、造铁路，我也没听他的话，自己变来变去变成一个老不成器的人。后来我哥哥也没说什么。只管我自己，别人不要管他。依着"性之所近，力之所能"学下去，其未来对国家的贡献也许比现在盲目所选的或被动选择的学科会大得多，将来前途也是无可限量的。下课了！下课了！谢谢各位。

　　　　（本文为1958年6月胡适在台大法学院的演讲，
　　　　　原载1958年6月19日台北《大学新闻》）

教师的模范

师范,就是教师的模范,他们至少要有两方面的理想,人格方面,是要爱自由和爱独立,比生命还重要,做到不降其志,不辱其身,把自由独立看作最重要的,这样人格才算完满,另一方面是知识,就是要爱真理,寻真理,为真理牺牲一切,为真理受苦,爱真理甚于自己的生命。

中国是具有五千年历史文化的古国,但却没有一个具有六十年或七十年以上历史的大学。北京大学是一个很老的学校,也不过六十二年,交通大学从它的前身南洋公学一起算进去,也只有六十多年的历史,台湾大学从日据时代的台湾帝国大学,到现在不过二十多年,一个有五千年历史的国家,没有六七十年以上历史的大学,是很使人惭愧的。

1936年,我曾代表北京大学参加哈佛大学成立三百周年纪念,有五百多个世界各地的著名学术机构和大学的代表都去道贺。在一次按照代表们所代表学校成立年代为先后的排队游行中,埃及的一个大学排在第一,但在历史上这个大学有一千多年的历史,是可怀疑的。实际可考的,应该是排在第二的意大利佛劳伦斯大学，才真正具有一千多年的历史。北京大学是排到第五百五十几名。

我在哈佛大学的餐会中，曾被邀请说话，我曾指出，北京大学是国立大学，是首都大学，也是真正继承中国历史上太学的学府。中国的太学是创始于汉武帝时代，这样算起来，北大历史应该要从纪元前124年算起，如果以这个历史为考据，北大该排在埃及大学的前面了。

北京大学不愿意继承太学是有原因的。中国的大学始于太学，但是从汉武帝到隋唐国子监，都没有持续性和继续性，当朝代间替，政府更换的时候，学堂也随着变换，使得学堂的设备、财产、人才、学风都缺乏继续的机构接替下去。

在中国，太学是政治机构的一部分，太学校长叫"祭酒"，他们升官了，就离开太学做官去。无论是学风、人才，都随着不同的朝代政府变迁更换。西洋的大学能够继续不断发展，有三个因素：第一它们有董事会，管理学校财产，像欧洲的大学是由教皇特旨，以教皇的许可状作为基础，连续有人负责学校的一切。第二是教师会，它使得学校的传统学风能继续下去。第三，美洲的大学，都有校友会，校友们捐款给学校，推选董事参加董事会。

中国的大学有国立的、官立的、私立的，但却没有一个私立学校是完全私立的，大多是半官立的，太学在纪元前124年成立时，只有五个教授，五十个学生。王莽大兴学堂，曾筑舍万区，纪元后 4 年,太学生有六万多人,东汉迁都洛阳,太学仍在继续不断发展。汉光武帝革命的成功,全是王莽时代太学生的力量。"党锢之祸"发生以后,太学生才渐为大家所恐惧。

我们大学制度产生得很早,但是几千年来没有好好持续下去,造成了有五千年历史,而没有七十年以上大学历史的现象。

一个只有十四年历史的学堂,在教育史上还是个小孩子。十四岁的孩子是不应该为他大做生日的,但还是值得道喜……

师大学生要以爱自由,爱独立,爱真理胜过生命的理想,担负起教养下一代的神圣使命。

(本文为 1960 年 6 月 5 日胡适在台北师大十四周年纪念会上的演讲,原载 1960 年 6 月 6 日台北《新生报》。收入本集时,编者删除了文中的报道性内容)

卷三 确立志趣

中国公学十八年级毕业赠言

诸位毕业同学：你们现在要离开母校了，我没有什么礼物送给你们，只好送你们一句话罢。

这一句话是："不要抛弃学问。"以前的功课也许有一大部分是为了这张毕业文凭，不得已而做的，从今以后，你们可以依自己的心愿去自由研究了。趁现在年富力强的时候，努力做一种专门学问。少年是一去不复返的，等到精力衰时，要做学问也来不及了。既为吃饭计，学问决不会辜负人的。吃饭而不求学问，三年五年之后，你们都要被后进少年淘汰掉的。到那时再想做点学问来补救，恐怕已太晚了。

有人说："出去做事之后，生活问题急需解决，哪有工夫去读书？即使要做学问，既没有图书馆，又没有实验室，哪能做学问？"

我要对你们说：凡是要等到有了图书馆方才读书的，有了图书馆也不肯读书。凡是要等到有了实验室方才做研究的，有了实验室也不肯做研究。你有了决心要研究一个问题，自然会撙衣节食去买书，自然会想出法子来设置仪器。

至于时间，更不成问题。达尔文一生多病，不能多作工，每天只能做一点钟的工作。你们看他的成绩！每天花一点钟看十页有用的书，每年可看三千六百多页书；三十年可读十一万页书。

诸位，十一万页书可以使你成一个学者了。可是，每天看三种小报也得费你一点钟的工夫；四圈麻将也得费你一点半钟的光阴。看小报呢，还是打麻将呢，还是努力做一个学者呢？全靠你们自己的选择！

易卜生说："你的最大责任是把你这块材料铸造成器。"

学问便是铸器的工具。抛弃了学问便是毁了你们自己。

再会了！你们的母校眼睁睁地要看你们十年之后成什么器。

十八，六，廿五

（收入 1929 年 7 月《中国公学毕业纪念册》）

赠言北京大学哲学系毕业纪念

一个大学里,哲学系应该是最不时髦的一系,人数应该最少。但北大的哲学系向来有不少的学生,这是我常常诧异的事。我常常想,这许多哲学学生,毕业之后,应该做些什么事?能够做些什么事?

现在你们都要毕业了。你们自然也都在想,"我们应该做些什么?我们能够做些什么?"

依我的愚见,一个哲学系的目的应该不是教你们死读哲学书,也不是教你们接受某派某人的哲学。

禅宗有个和尚曾说,"达摩东来,只是要寻一个不受人惑的人"。我想借用这句话来说:"哲学教授的目的也只是要造出几个不受人惑的人。"

你们应该做些什么?你们应该努力做个不受人惑的人。

你们能够做个不受人惑的人吗?这个全凭自己的努力。

如果你们不敢十分自信,我这里有一件小小法宝,送给你们带去做一件防身工具。这件小法宝只是四个字:"拿证据来!"

这里还有一只小小锦囊,装着这件小法宝的用法:"没有证据,只可悬而不断;证据不够,只可假设,不可武断;必须等到证实之后,方才可以算做定论。"

必须自己能够不受人惑,方才可以希望指引别人不受人惑。

朋友们,大家珍重!

二十,五,五 胡适

(收入耿云志主编《胡适遗稿及秘藏书信》第 12 册)

中学生的修养与择业

刚才吴县长报告了五十八年前我在此地的一段历史——我在三岁至四岁间,随先人在台东州住过一年多,在台南住过十个月——要我把台东看作第二家乡;昨天台南市市长也向台南市市民介绍我是台南人;这番盛意,我非常感谢!吴县长预备在这里要做纪念我先人的举动,实在不敢当。明天举行县议员选举,我将以不是候选人也不是选举人,冒充同乡,到各投票所去参观。

今天我看到了吴县长老太太,看到了她,我非常感动,她可算台东年龄最高的了,她与先母年龄相当,先母如在世,已经有七十九岁了。

我到这里不久,与县长、教育科长、校长等几位谈话,知道了台东的教育是在异常困难的情况下来推进的,我非常敬佩他们艰苦不移紧守岗位的坚毅意志,本来教育厅陈雪屏厅长预备与我们同来的,因台北有事,临时由台南赶回去了,不过教育厅还有一位视察杨日旭先生是同来的,我已经特地要他到各校去视察,并将视察结果报告教育厅,以使省府对台东的教育情形有所了解。

今天我应该讲些什么?事先曾请教吴县长,师范刘校长和同来的几位朋友，他们以今天到场的大多数是青年朋友们，也有青年朋友们的父兄，因此要我讲讲中等教育的东西。同时，我到过的地方，许多朋友常常问我中学生应注重什么，中学毕业后，升学的应该怎样选科，到社会里去的应该怎样择业。我是不懂教育的，不过年纪大些，并且自己也是经过中学大学出来的，同时看到朋友们与我们自己的子弟经过中学，得到一点认识，愿意将自己的认识提出来供大家参考，今天讲的题目，就是："中学生的修养与择业"。

中学生的修养应注重两点：

一、工具的求得　中学生大概是从十二岁的幼年到十八岁的青年，这个时期是决定他将来最重要的一个时期。求知识与做人、做事的工具，要在这个时期求得。古人说"工欲善其事，必先利其器"，中学生要将来有成就，便应该注意到"求工具"——学业上、事业上，求知识上所需要的工具。求工具的目标有二：一是中学毕业后无力升学要到社会里去就业；一是继续升学。

第一种工具是语言文字。不论就业升学，以我个人的经验和观察所得，语言文字是最需要的工具。在中学里不仅应该学好本国的语言文字，最好能多学一二种外国的语言文字。它是就业升学的钥匙，能为我们打开知识的门。多学得一种语言，等于辟开一个新的花园、新的世界。语言文字，可以说是中学时期应该求得的工具当中非常重要的了。在中学时期如果没有打好语言文字的基础，以后做学问非常的困难。而且过了这个时期，很少能够把语言文字弄好的。

第二种工具是科学的基本知识。许多人都说学了数学，将来没有什么用处，这是错误的。数学是自然科学重要的钥匙，如果不能把这个重要的钥匙——数学，与物理学、化学、生物学、矿物学、植物学等，在中学时期学好，则不能求得新的知识。所以中学时期最重要的，是把这些基本知识弄好。

青年们在学校里对于各种基本科学，不能当它是功课，是学校课程里面需要的功课，应该把它当成求知识、做学问、做人的工具，必不可少的工具。拿工具这个观念来看课程，课程便活了。拿工具这个观念来批评课程，可以得到一个标准。首先看看哪些功课够得上作工具，并分出哪些功课是求知识做学问的工具，哪些功课是做人的工具。哪些功课是重要，哪些功课是次要。同时拿工具这个观念来督促自己，来分别轻重缓急，先生的教法，也可以拿工具这个观念来衡量，哪种教法是死的笨的，请先生改良，哪些应该特别注重，请先生注意。我这个话，不是叫学生对先生造反，而是请先生以工具来教，不要死板照课本讲，这样推动先生，可以使得先生从没有精神提起精神，不是造反而是教学相长，不把功课当做功课看，把它当做必需的工具看。拿工具的观念看功课，功课便是活的。这一点也可以说是中学生治学的方法。

二、良好习惯的养成　良好习惯的养成，即普通所谓的人品教育，品性人格的陶冶。教育学家心理学家都告诉我们说：人品性格是习惯的养成，好的品格是好的习惯养成。中学生是定型的阶段，中学生时期与其注重治学方法，毋宁提倡良好习惯的养成。一个人的坏习惯在中学还可纠正，假使在中学里不能养成良好的习惯，这个人的前途便算完了，在大学里不会是个好学生，在社会里不会是个有用的人才。我愿在这里提醒青年学生们的注意，也请学生的父兄教师们注意。

我们的国家以前专注重文字教育，读书人的指甲蓄得很长，手脸都是白白的，行动是文绉绉的，读书可以从"学而时习之"背诵起，写文章摇摇摆摆地会写出许多好听的词句来，可是他们是无用的，不能动手，也不能动脚，连桌凳有一点坏了，也不能拿起斧头钉子来修理。这种只能背书写文章的读书人就是没有养成良好的习惯——动手动脚的习惯。

我在台湾大学讲《治学方法》时，讲到一个故事：宋时有一新进士请教老前辈做官的秘诀，老前辈告诉他四个字：勤谨和缓。这四个字，大家称为做官秘诀，我把它看作做人、做事、做学问的秘诀。简单地分别说：

勤，就是不偷懒，不走捷径，要切切实实，辛辛苦苦地去做。要用眼睛的用眼睛、用手的用手，用脚的用脚，先生叫你找材料，你就到应该到的地方去找。叫你找标本，你就到田野，到树林里去找，无论在实验室里，自然界里，都不要偷懒，一点一滴地去做。

谨，就是谨慎，不粗心，不苟且。以江浙的俗话来说，不拆烂污。写字，一点、一横都不放过。写外国字，i的一点，t的一横，也一样地不放过。做数学，一个圈，一个小数点都不可苟且。不要以为这是小事情，做事关系天下的大事，做学问关系成败，所以细心谨慎，是必须要养成的习惯。

和，就是不要发脾气，不要武断。要虚心，要和和平平。什么叫做虚心？脑筋不存成见，不以成见来观察事，不以成见来对待人。就做学问来说，要以心平气和的态度来做化学、数学、历史、地理，并以心平气和的态度来学语文。无论对事、对人、对物、对问题、对真理，完全是虚心的，这叫做和。

缓，这个字很重要，缓的意思不要忙，不轻易下一个结论。如果没有缓的习惯，前面三个字都不容易做到。譬如找证据，这是很难的工作，如果要几点钟缴卷，就不能做到勤的功夫。忙于完成，证据不够，不管它了，这样就不能做到谨的功夫。匆匆忙忙地去做，当然不能做到和的功夫。所以证据不够，应该悬而不断，就是姑且挂在那里，悬而不断，并不是叫你搁下来不管，是要你勤，要你谨，要你和。缓，就是南方人说的"凉凉去吧"，缓的意思，是要等着找到了充分的证据，然后根据事实来下判断。无论做学问、做事、做官、做议员，都是一样的。大家知道治花柳病的名药"六〇六"吧？什么叫"六〇六"呢？经过六百零六次的试验才成功的。"九一四"则试验了九百一十四次，达尔文的生物进化论，认为动植物的生存进化与环境有绝大的关系，也费了三十年的工夫，到四海去搜集标本和研究，并与朋友们往复讨论。朋友们都劝他发表，他仍然不肯。后来英国皇家学会收到另一位科学家华莱士的论文，其结论与达尔文的一样，朋友们才逼着达尔文把研究的结论公布，并提出与朋友们讨论的信件，来证明他早已获得结论，于是皇家学会才决定同华莱士的论文同时发表，达尔文这种持重的态度，不是缺点，是美德，这也是科学史上勤谨和缓的实例。值得我们去想想，作为榜样，尤其青年学生们要在中学里便养成这种好习惯。有了这种好习惯，无论是做人做事做学问，将来不怕没有成就。

中学生高中毕业后，面临的问题是继续升学或到社会去找职业。升学应如何选科？到社会去应如何择业？简单地说，有两个标准：

一、社会的标准　社会上所需要的，最易发财的，最时髦的是什么？这便是社会的标准。台湾大学钱校长告诉我说，今年台大招生，投考学生中外文成绩好的都投考工学院，尤其是考电机工程、机械工程的特多，考文史的则很少，因为目前社会需要工程师，学成后容易得到职业而且待遇好。这种情形，在外国也是一样的，外国最吃香的学科是原子能、物理学和航空工程，干这一行的，最受欢迎，最受优待。

二、个人的标准　所谓个人的标准，就是个人的兴趣、性情、天才近哪门学科，适于哪一行业。简单地说，能干什么。社会上需要工程师，学工程的固不忧失业，但个人的性情志趣是否与工程相合？父母兄长爱人都希望你学工程，而你的性情志趣，甚至天才，却近于诗词、小说、戏剧、文学，你如迁就父母兄长爱人之所好而去学工程，结果工程界里多了一个饭桶，国家社会失去了一个第一流的诗人、小说家、文学家、戏剧学家，不是可惜了吗？所以个人的标准比社会的标准重要。因为社会标准所需要的太多，中国人常说社会职业有三百六十行，这是以前的说法，现在何止三百六十行，也许三千六百行，三万六千行都有，三千六百行，三万六千行，行行都需要。社会上需要建筑工程师，需要水利工程师，需要电力工程师，也需要大诗人、大美术家、大法学家、大政治家，同时也需要做新式马桶的工人。能做新式马桶的，照样可以发财。社会上三万六千行，既是行行都需要，一个人决不可能会做每行的事，顶多会二三行，普通都只能会一行的。在这种情形之下，试问是社会的标准重要，还是个人的标准重要？当然是个人的重要！因此选科择业不要太注重社会上的需要，更不要迁就父母兄长爱人的所好。爸爸要你学赚钱的职业，妈妈要你学时髦的职业，爱人要你学社会上有地位的职业，你都不要管他，只问你自己的性情近乎什么？自己的天才力量能做什么？配做什么？要根据这些来决定。

历史上在这一方面，有很好的例子。意大利的伽利略是科学的老祖宗，是新的天文学家，新的物理学家的老祖宗。他的父亲是一个数学家，当时学数学的人很倒楣。在伽利略进大学的时候（三百多年前），他父亲因不喜欢数学，所以要他学医，可是他读医科，毫无兴趣，朋友们以他的绘画还不坏，认为他有美术天才，劝他改学美术，他自己也颇以为然。有一天他偶然走过雷积教授替公爵府里面做事的人补习几何学的课室，便去偷听，竟大感兴趣，于是医学不学了，画也不学了，改学他父亲不喜欢的数学。后来替全世界创立了新的天文学、新的物理学，这两门学问都建筑于数学之上。

最后说我个人到外国读书的经过，民国前二年，考取官费留美，家兄特从东三省赶到上海为我送行，以家道中落，要我学铁路工程，或矿冶工程，他认为学了这些回来，可以复兴家业，并替国家振兴实业。不要我学文学、哲学，也不要学做官的政治法律，说这是没有用的。当时我同许多人谈谈这个问题。以路矿都不感兴趣，为免辜负兄长的期望，决定选读农科，想做科学的农业家，以农报国。同时美国大学农科，是不收费的，可以节省官费的一部分，寄回补助家用。进农学院以后第三个星期，接到实验系主任的通知，要我到该系报到实习。报到以后，他问我："你有什么农场经验？"我说："我不是种田的。"他又问我："你做什么呢？"我说："我没有做什么，我要虚心来学，请先生教我。"先生答应说："好。"接着问我洗过马没有，要我洗马。我说："我们中国种田，是用牛不是用马。"先生说："不行。"于是学洗马，先生洗一半，我洗一半。随即学驾车，也是先生套一半，我套一半。做这些实习，还觉得有兴趣。下一个星期的实习，为包谷选种，一共有百多种，实习结果，两手起了泡，我仍能忍耐，继续下去，一个学期结束了，各种功课的成绩，都在八十五分以上。到了第二年，成绩仍旧维持到这个水准。依照学院的规定，各科成绩在八十五分以上的，可以多选两个学分的课程，于是增选了种果学。起初是剪树、接种、浇水、捉虫，这些工作，也还觉得有兴趣。在上种果学的第二星期，有两小时的实习苹果分类，一张长桌，每个位子分置了四十个不同种类的苹果，一把小刀，一本苹果分类册，学生们须根据每个苹果的长短、开花孔的深浅、颜色、形状、果味和脆软等标准，查对苹果分类册，分别其类别（那时美国苹果有四百多类，现恐有六百多类了），普通名称和学名。美国同学都是农家子弟，对于苹果的普通名称一看便知，只需在苹果分类册里查对学名，便可填表缴卷，费时甚短。我和一位郭姓同学则须一个一个经过所有检别的手续，花了两小时半，只分类了二十个苹果，而且大部分是错的。晚上我对这种实习起了一种念头：我花了两小时半的时间，究竟是在干什么？中国连苹果种子都没有，我学它什么用处？自己的性情不相近，干吗学这个？这两个半钟头的苹果实习使我改行，于是，决定离开农科。放弃一年半的时间（这时我已上了一年半的课），牺牲了两年的学费，不但节省官费补助家用已不可能，维持学业都很困难，以后我改学文科——哲学、政治、经济、文学，在没有回国时，以前与朋友们讨论文学问题，引起了中国的文学革命运动，提倡白话，拿白话作文，作教育工具，这与农场经验没有关系，苹果学没有关系，是我那时的兴趣所在。我的玩意儿对国家贡献最大的便是文学的"玩意儿"，我所没有学过的东西。最近研究《水经注》（地理学的东西）。我已经六十二岁了，还不知道我究竟学什么，都是东摸摸、西摸摸，也许我以后还要学学水利工程亦未可知，虽则我现在头发都白了，还是无所专长，一无所成。可是我一生很快乐，因为我没有依社会需要的标准去学时髦。我服从了自己的个性，根据个人的兴趣所在去做，到现在虽然一无所成，但是我生活得很快乐，希望青年朋友们，接受我经验得来的这个教训，不要问爸爸要你学什么，妈妈要你学什么，爱人要你学什么。要问自己性情所近，能力所能做的去学。这个标准很重要，社会需要的标准是次要的。

（本文为1952年12月27日胡适在台东县公共体育场的演讲，收入《胡适言论集》甲编）

赠与今年的大学毕业生

这一两个星期里,各地的大学都有毕业的班次,都有很多的毕业生离开学校去开始他们的成人事业。学生的生活是一种享有特殊优待的生活,不妨幼稚一点,不妨吵吵闹闹,社会都能纵容他们,不肯严格地要他们负行为的责任。现在他们要撑起自己的肩膀来挑他们自己的担子了。在这个国难最紧急的年头,他们的担子真不轻!我们祝他们的成功,同时也不忍不依据我们自己的经验,赠与他们几句送行的赠言,——虽未必是救命毫毛,也许作个防身的锦囊罢!

你们毕业之后,可走的路不出这几条:绝少数的人还可以在国内或国外的研究院继续做学术研究;少数的人可以寻着相当的职业;此外还有做官、办党、革命三条路;此外就是在家享福或者失业闲居了。第一条继续求学之路,我们可以不讨论。走其余几条路的人,都不能没有堕落的危险。堕落的方式很多,总括起来,约有这两大类:

第一是容易抛弃学生时代的求知识的欲望。你们到了实际社会里，往往所用非所学，往往所学全无用处，往往可以完全用不着学问，而一样可以胡乱混饭吃，混官做。在这种环境里，即使向来抱有求知识学问的决心的人，也不免心灰意懒，把求知的欲望渐渐冷淡下去。况且学问是要有相当的设备的；书籍，实验室，师友的切磋指导，闲暇的工夫，都不是一个平常要糊口养家的人所能容易办到的。没有做学问的环境，又谁能怪我们抛弃学问呢？

第二是容易抛弃学生时代的理想的人生的追求。少年人初次与冷酷的社会接触，容易感觉理想与事实相去太远，容易发生悲观和失望。多年怀抱的人生理想，改造的热诚，奋斗的勇气，到此时候，好像全不是那么一回事。渺小的个人在那强烈的社会炉火里，往往经不起长时期的烤炼就熔化了，一点高尚的理想不久就幻灭了。抱着改造社会的梦想而来，往往是弃甲曳兵而走，或者做了恶势力的俘虏。你在那俘虏牢狱里，回想那少年气壮时代的种种理想主义，好像都成了自误误人的迷梦！从此以后，你就甘心放弃理想人生的追求，甘心做现成社会的顺民了。

要防御这两方面的堕落，一面要保持我们求知识的欲望，一面要保持我们对于理想人生的追求。有什么好法子呢？依我个人的观察和经验，有三种防身的药方是值得一试的。

第一个方子只有一句话："总得时时寻一两个值得研究的问题！"问题是知识学问的老祖宗；古今来一切知识的产生与积聚，都是因为要解答问题，——要解答实用上的困难或理论上的疑难。

所谓"为知识而求知识",其实也只是一种好奇心追求某种问题的解答,不过因为那种问题的性质不必是直接应用的,人们就觉得这是"无所为"的求知识了。我们出学校之后,离开了做学问的环境,如果没有一个两个值得解答的疑难问题在脑子里盘旋,就很难继续保持追求学问的热心。可是,如果你有了一个真有趣的问题天天逗你去想它,天天引诱你去解决它,天天对你挑衅笑你无可奈何它,——这时候,你就会同恋爱一个女子发了疯一样,坐也坐不下,睡也睡不安,没工夫也得偷出工夫去陪她,没钱也得撙衣节食去巴结她。没有书,你自会变卖家私去买书;没有仪器,你自会典押衣服去置办仪器;没有师友,你自会不远千里去寻师访友。你只要能时时有疑难问题来逼你用脑子,你自然会保持发展你对学问的兴趣,即使在最贫乏的智识环境中,你也会慢慢地聚起一个小图书馆来,或者设置起一所小实验室来。所以我说:第一要寻问题。脑子里没问题之日,就是你的智识生活寿终正寝之时!古人说,"待文王而兴者,凡民也。若夫豪杰之士,虽无文王犹兴"。试想伽利略和牛顿有多少藏书?有多少仪器?他们不过是有问题而已。有了问题之后,他们自会造出仪器来解答他们的问题。没有问题的人们,关在图书馆里也不会用书,锁在实验室里也不会有什么发现。

第二个方子也只有一句话:"总得多发展一点非职业的兴趣。"离开学校之后,大家总得寻个吃饭的职业。可是你寻得的职业未必就是你所学的,或者未必是你所心喜的,或者是你所学而实在和你的性情不相近的。在这种状况之下,工作就往往成了苦工,就不感觉兴趣了。为糊口而做那种非"性之所近而力之所能"的工作,就很难保持求知的兴趣和生活的理想主义。最好的救济方法只有多多发展职业以外的正当兴趣与活动。一个人应该有他的职业,又应该有他的非职业的玩意儿,可以叫做业余活动。凡一个人用他的闲暇来做的事业,都是他的业余活动。往往他的业余活动比他的职业还更重要,因为一个人的前程往往全靠他怎样用他的闲暇时间。他用他的闲暇来打麻将,他就成个赌徒;你用你的闲暇来做社会服务,你也许成个社会改革者;或者你用你的闲暇去研究历史,你也许成个史学家。你的闲暇往往定你的终身。英国19世纪的两个哲人,弥尔[1]终身做东印度公司的秘书,然而他的业余工作使他在哲学上、经济学上、政治思想史上都占一个很高的位置;斯宾塞(Spencer)是一个测量工程师,然而他的业余工作使他成为前世纪晚期世界思想界的一个重镇。古来成大学问的人,几乎没有一个不是善用他的闲暇时间的。特别在这个组织不健全的中国社会,职业不容易适合我们性情,我们要想生活不苦痛或不堕落,只有多方发展业余的兴趣,使我们的精神有所寄托,使我们的剩余精力有所施展。有了这种心爱的玩意

---

[1] 今译穆勒。——编注

儿，你就做六个钟头的抹桌子工夫也不会感觉烦闷了，因为你知道，抹了六点钟的桌子之后，你可以回家去做你的化学研究，或画完你的大幅山水，或写你的小说戏曲，或继续你的历史考据，或做你的社会改革事业。你有了这种称心如意的活动，生活就不枯寂了，精神也就不会烦闷了。

第三个方子也只有一句话："你总得有一点信心。"我们生当这个不幸的时代，眼中所见，耳中所闻，无非是叫我们悲观失望的。特别是在这个年头毕业的你们，眼见自己的国家民族沉沦到这步田地，眼看世界只是强权的世界，望极天边好像看不见一线的光明，——在这个年头不发狂自杀，已算是万幸了，怎么还能够希望保持一点内心的镇定和理想的信任呢？我要对你们说：这时候正是我们要培养我们的信心的时候！只要我们有信心，我们还有救。古人说："信心（Faith）可以移山。"又说："只要功夫深，生铁磨成绣花针。"你不信吗？当拿破仑的军队征服普鲁士占据柏林的时候，有一位穷教授叫做菲希特[1]的，天天在讲堂上劝他的国人要有信心，要信仰他们的民族是有世界的特殊使命的，是必定要复兴的。菲希特死的时候（1814），谁也不能预料德意志统一帝国何时可以实现。然而不满五十年，新的统一的德意志帝国居然实现了。

---

[1] 今译费希特。——编注

一个国家的强弱盛衰，都不是偶然的，都不能逃出因果的铁律的。我们今日所受的苦痛和耻辱，都只是过去种种恶因种下的恶果。我们要收将来的善果，必须努力种现在的新因。一粒一粒地种，必有满仓满屋的收，这是我们今日应该有的信心。

我们要深信：今日的失败，都由于过去的不努力。

我们要深信：今日的努力，必定有将来的大收成。

佛典里有一句话："福不唐捐。"唐捐就是白白地丢了。我们也应该说："功不唐捐！"没有一点努力是会白白地丢了的。在我们看不见想不到的时候，在我们看不见想不到的方向，你瞧！你下的种子早已生根发叶开花结果了！

你不信吗？法国被普鲁士打败之后，割了两省地，赔了五十万万法郎的赔款。这时候有一位刻苦的科学家巴斯德终日埋头在他的实验室里做他的化学试验和微菌学研究。他是一个最爱国的人，然而他深信只有科学可以救国。他用一生的精力证明了三个科学问题：（1）每一种发酵作用都是由于一种微菌的发展；（2）每一种传染病都是由于一种微菌在生物体中的发展；（3）传染病的微菌，在特殊的培养之下，可以减轻毒力，使它从病菌变成防病的药苗。——这三个问题，在表面上似乎都和救国大事业没有多大的关系。然而从第一个问题的证明，巴斯德定出做醋酿酒的新法，使全国的酒醋业每年减除极大的损失。从第二个问题的证明，巴斯德教全国的蚕丝业怎样选种防病，教全国的畜牧农家怎样防止牛羊瘟疫，又教全世界的医学界怎样注重消毒以灭除外科手术的死亡率。从第三个问题的证明，巴斯德发明了牲畜的脾热瘟的疗治药苗，每年替法国农家减除了二千万法郎的大损失；又发明了疯狗咬毒的治疗法，救济了无数的生命。所以英国的科学家赫胥黎（Huxley）在皇家学会里称颂巴斯德的功绩道："法国给了德国五十万万法郎的赔款，巴斯德先生一个人研究科学的成绩足够还清这一笔赔款了。"

巴斯德对于科学有绝大的信心，所以他在国家蒙奇辱大难的时候，终不肯抛弃他的显微镜与实验室。他绝不想他的显微镜底下能偿还五十万万法郎的赔款，然而在他看不见想不到的时候，他已收获了科学救国的奇迹了。

朋友们，在你最悲观最失望的时候，那正是你必须鼓起坚强的信心的时候。你要深信：天下没有白费的努力。成功不必在我，而功力必不唐捐。

二十一，六，二十七夜

（原载 1932 年 7 月 3 日《独立评论》第 7 号）

一个防身药方的三味药

毕业班的诸位同学,现在都得离开学校去开始你们自己的事业了,今天的典礼,我们叫做"毕业",叫做"卒业",在英文里叫做"始业"(Commencement),你们的学校生活现在有一个结束,现在你们开始进入一段新的生活,开始撑起自己的肩膀来挑自己的担子,所以叫做"始业"。

我今天承毕业班同学的好意,承阎校长的好意,要我来说几句话,我进大学是在五十年前(1910),我毕业是在四十六年前(1914),够得上做你们的老大哥了,今天我用老大哥的资格,应该送你们一点小礼物,我要送你们的小礼物只是一个防身的药方,给你们离开校门,进入大世界,作随时防身救急之用的一个药方。

这个防身药方只有三味药:

第一味药叫做"问题丹"。

第二味药叫做"兴趣散"。

第三味药叫做"信心汤"。

第一味药,"问题丹",就是说:每个人离开学校,总得带一两个麻烦而有趣味的问题在身边做伴,这是你们入世的第一要紧的救命宝丹。

问题是一切知识学问的来源，活的学问、活的知识，都是为了解答实际上的困难，或理论上的困难而得来的。年轻入世的时候，总得有一个两个不大容易解决的问题在脑子里，时时向你挑战，时时笑你不能对付它，不能奈何它，时时引诱你去想它。

只要你有问题跟着你，你就不会懒惰了，你就会继续有智识上的长进了。

学堂里的书，你带不走；仪器，你带不走；先生，他们不能跟你去，但是问题可以跟你走到天边！有了问题，没有书，你自会省吃省穿去买书；没有仪器，你自会卖田卖地去买仪器！没有好先生，你自会去找好师友；没有资料，你自会上天下地去找资料。

各位青年朋友，你今天离开学校，夹袋里准备了几个问题跟着你走？

第二味药，叫做"兴趣散"，这就是说：每个人进入社会，总得多发展一点专门职业以外的兴趣——"业余"的兴趣。

你们多数是学工程的，当然不愁找不到吃饭的职业，但四年前你们选择的专门职业，真是你们自己的自由志愿吗？你们现在还感觉你们手里的文凭真可以代表你们每个人终身的志愿，终身的兴趣吗？——换句话说，你们今天不懊悔吗？明年今天还不会懊悔吗？

你们在这四年里，没有发现什么新的、业余的兴趣吗？在这四年里，没有发现自己在本行以外的才能吗？

总而言之，一个人应该有他的职业，又应该有他的非职业的玩意儿。不是为吃饭而是心里喜欢做的，用闲暇时间做的——这种非职业的玩意儿，可以使他的生活更有趣，更快乐，更有意思，有时候，一个人的业余活动也许比他的职业还更重要。

英国19世纪的两个哲学家，一个是弥尔，他的职业是东印度公司的秘书，他的业余工作使他在哲学上、经济学上、政治思想史上，都有很大的贡献。一个是斯宾塞，他是一个测量工程师，他的业余工作使他成为一个很有势力的思想家。

英国的大政治家丘吉尔，政治是他的终身职业，但他的业余兴趣很多，他在文学、历史两方面，都有大成就；他用余力作油画，成绩也很好。

今天到自由中国的贵宾，美国大总统艾森豪先生，他的终身职业是军事，人都知道他最爱打高尔夫球，但我们知道他的油画也很有功夫。

各位青年朋友，你们的专门职业是不用愁的了，你们的业余兴趣是什么？你们能做的、爱做的业余活动是什么？

第三味药，我叫他做"信心汤"，这就是说：你总得有一点

一个防身药方的三味药

信心。

我们生存在这个年头,看见的、听见的,往往都是可以叫我们悲观、失望的——有时候竟可以叫我们伤心,叫我们发疯。

这个时代,正是我们要培养我们的信心的时候,没有信心,我们真要发狂自杀了。

我们的信心只有一句话:"努力不会白费",没有一点努力是没有结果的。

对你们学工程的青年人,我还用多举例来说明这种信心吗?工程师的人生哲学当然建筑在"努力不白费"的定律的基石之上。

我只举这短短几十年里大家都知道的两个例子:

一个是亨利·福特(Henry Ford),这个人没有受过大学教育,他小时半工半读,只读了几年书,十六岁就在一小机器店里做工,每周工钱两块半美金,晚上还得去帮别家做夜工。

五十七年前(1903)他三十九岁,他创立 Ford Motor Co.(福特汽车公司),原定资本十万元,只招得两万八千元。

五年之后(1908),他造成了他的最出名的 model T 汽车,用全力制造这一种车子。

1913 年——我已在大学三年级了,福特先生创立他的第一副"装配线"(Assembly line)。

1914 年——四十六年前——他就能够完全用"装配线"的

原理来制造他的汽车了。同时（1914）他宣布他的汽车工人每天只工作八点钟，比别处工人少一点钟——而每天最低工钱五元美金，比别人多一倍。

他的汽车开始是九百五十元一部，他逐年减低卖价，从九百五十元直减到三百六十元——第一次世界大战之后，减到二百九十元一部。

他的公司，在创办时（1903）只有两万八千元的资本——到二十三年之后（1926）已值十亿美金了！成了全世界最大的汽车公司了。1915年，他造了一百万部汽车，1928年，他造了一千五百万部车。

他的"装配线"的原则在二十年里造成了全世界的"工业新革命"。

福特的汽车在五十年中征服全世界的历史还不能叫我们发生"努力不白费"的信心吗？

第二个例子是航空工程与航空工业的历史。

也是五十七年前——1903年12月17日，正是我十二整岁的生日——那一天，在北加罗林那州的海边Kitty Hawk（基帝霍克）沙滩上，两个修理脚踏车的匠人，兄弟两人，用他们自己制造的一架飞机，在沙滩上试起飞，弟弟叫Owille Wright，他飞起了十二秒钟。哥哥叫Wilbur Wright，他飞起了五十九秒钟。

一个防身药方的三味药

那是人类制造飞机飞在空中的第一次成功——现在那一天（12月17日）是全美国庆祝的"航空日"——但当时并没有人注意到那两个弟兄的试验，但这两个没有受过大学教育的脚踏车修理匠人，他们并不失望，他们继续试飞，继续改良他们的飞机，一直到四年半之后（1908年5月），才有重要的报纸来报道那两个人的试飞，那时候，他们已能在空中飞三十八分钟了！

这四十年中，航空工程的大发展，航空工业的大发展，这是你们学工程的人都知道的，航空工业在最近三十年里已成了世界最大工业的一种。

我第一次看见飞机是在1912年。我第一次坐飞机是在1930年（三十年前）。我第一次飞过太平洋是在二十三年前（1937）；第一次飞过大西洋是在十五年前（1945），当我第一次飞渡太平洋的时候，从香港到旧金山总共费了七天！去年我第一次坐Jet机，从旧金山到纽约，五个半钟点飞了三千英里！下月初，我又得飞过太平洋，当天中午起飞，当天晚上就到美国西岸了！

五十七年前，Kitty Hawk沙滩上两个脚踏车修理匠人自造的一个飞机居然在空中飞起了十二秒钟，那十二秒钟的飞行就给人类打开了一个新的时代——打开了人类的航空时代。

这不够叫我们深信"努力不会白费"的人生观吗？

古人说"信心可以移山"（Faith moves mountains），又说"功

不唐捐"(唐是空的意思),又说"只要功夫深,生铁磨成绣花针"。青年的朋友,你们有这种信心没有?

(本文为1960年6月18日胡适在台南成功大学毕业典礼上的演讲,原载1960年6月19日台北《中央日报》)

卷四 训练思想

少年中国之精神

前番太炎先生,话里面说现在青年的四种弱点,都是很可使我们反省的;他的意思是要我们少年人:一、不要把事情看得太容易了;二、不要妄想凭借已成的势力;三、不要虚慕文明;四、不要好高骛远。这四条都是消极的忠告。我现在且从积极一方面提出几个观念,和各位同志商酌。

一、少年中国的逻辑　逻辑即是思想、辩论、办事的方法:一般中国人现在最缺乏的就是一种正当的方法;因为方法缺乏,所以有下列的几种现象:(一)灵异鬼怪的迷信,如上海的盛德坛及各地的各种迷信;(二)谩骂无理的议论;(三)用诗云子曰作根据的议论;(四)把西洋古人当做无上真理的议论。还有一种平常人不很注意的怪状,我且称它为"目的热",就是迷信一些空虚的大话,认为是高尚的目的,全不问这种观念的意义究竟如何。今天有人说"我主张统一和平",大家齐声喝彩,就请他做内阁总理;明天又有人说"我主张和平统一",大家又齐声叫好,就举他做大总统;此外还有什么"爱国"哪,"护法"哪,"孔教"哪,"卫道"哪……许多空虚的名词,意义不曾确定,也都有许多人随声附和，认为天经地义，这便是我所说的"目的热"。以上所说各种现象都是缺乏方法的表示。我们既然自认为"少年中国"，不可不有一种新方法，这种新方法，应该是科学的方法。科学方法，不是我在这短促时间里所能详细讨论的，我且略说科学方法的要点：

第一注重事实。科学方法是用事实作起点的，不要问孔子怎么说，柏拉图怎么说，康德怎么说，我们须要先从研究事实下手，凡游历调查统计等事都属于此项。

第二注重假设。单研究事实，算不得科学方法。王阳明对着庭前的竹子做了七天的"格物"工夫，格不出什么道理来，反病倒了，这是笨伯的"格物"方法。科学家最重"假设"（Hypothesis）。观察事物之后，自然有几个假定的意思。我们应该把每一个假设所含的意义彻底想出，看那意义是否可以解释所观察的事实，是否可以解决所遇的疑难，所以要博学，正是因为博学方才可以有许多假设，学问只是供给我们种种假设的来源。

第三注重证实。许多假设之中，我们挑出一个，认为最合用的假设。但是这个假设是否真正合用，必须实地证明，有时候，证实是很容易的，有时候，必须用"试验"方才可以证实。证实了的假设，方可说是"真"的，方才可用。一切古人今人的主张、东哲西哲的学说，若不曾经过这一层证实的工夫，只可作为待证的假设，不配认作真理。

少年的中国，中国的少年，不可不时时刻刻保存这种科学的方法、实验的态度。

二、少年中国的人生观　现在中国有几种人生观都是"少年中国"的仇敌：第一种是醉生梦死的无意识生活，固然不消说了；第二种是退缩的人生观，如静坐会的人，如坐禅学佛的人，都只是消极的缩头主义。这些人没有生活的胆子，不敢冒险，只求平安，所以变成一班退缩懦夫；第三种是野心的投机主义，这种人虽不退缩，但为完全自己的私利起见，所以他们不惜利用他人，做他们自己的器具，不惜牺牲别人的人格和自己的人格，来满足自己的野心，到了紧要关头，不惜作伪，不惜作恶，不顾社会的公共幸福，以求达他们自己的目的。这三种人生观都是我们该反对的。少年中国的人生观，依我个人看来，该有下列的几种要素：

第一须有批评的精神。一切习惯、风俗、制度的改良，都起于一点批评的眼光。个人的行为和社会的习俗，都最容易陷入机械的习惯，到了"机械的习惯"的时代，样样事都不知不觉地做去，全不理会何以要这样做，只晓得人家都这样做故我也这样做。这样的个人便成了无意识的两脚机器，这样的社会便成了无生气的守旧社会，我们如果发愿要造成少年的中国，第一步便须有一种批评的精神，批评的精神不是别的，就是随时随地都要问我为什么要这样做，为什么不那样做。

第二须有冒险进取的精神。我们须要认定这个世界是很多危险的，定不太平的，是需要冒险的；世界的缺点很多，是要我们来补救的；世界的痛苦很多，是要我们来减少的；世界的危险很多，是要我们来冒险进取的，俗语说得好："成人不自在，自在不成人。"我们要做一个人，岂可贪图自在；我们要想造一个"少年的中国"，岂可不冒险。这个世界是给我们活动的大舞台，我们既上了台，便应该老着面皮，拼着头皮，大着胆子，干将起来。那些缩进后台去静坐的人都是懦夫，那些袖着双手只会看戏的人，也都是懦夫，这个世界岂是给我们静坐旁观的吗？那些厌恶这个世界，梦想超生别的世界的人，更是懦夫，不用说了。

第三须要有社会协进的观念。上条所说的冒险进取，并不是野心的，自私自利的。我们既认定这个世界是给我们活动的，又须认定人类的生活全是社会的生活，社会是有机的组织，全体影响个人，个人影响全体，社会的活动是互助的，你靠他帮忙，他靠你帮忙，我又靠你同他帮忙，你同他又靠我帮忙；你少说了一句话，我或者不是我现在的样子，我多尽了一分力，你或者也不是你现在这个样子，我和你多尽了一分力，或少做了一点事，社会的全体也许不是现在这个样子，这便是社会协进的观念。有这个观念，我们自然把人人都看作同力合作的伴侣，自然会尊重人人的人格了；有这个观念，我们自然觉得我们的一举一动都和社会有关，自然不肯为社会造恶因，自然要努力为社会种善果，自然不致变成自私自利的野心投机家了。

少年的中国，中国的少年，不可不时时刻刻保存这种批评的、冒险进取的、社会的人生观。

三、少年中国的精神　少年中国的精神并不是别的，就是上文所说的逻辑和人生观。我且说一个故事做我这番谈话的结论：诸君读过英国史的，一定知道英国前世纪有一种宗教革新的运动，历史上称为"牛津运动"（The Oxford Movement），这种运动的几个领袖如客白尔（Keble）、纽曼（Newman）、福鲁德（Froude）诸人，痛恨英国国教的腐败，想大大地改革一番。这个运动未起事之先，这几位领袖作了一些宗教性的诗歌写在一个册子上，纽曼摘了一句荷马的诗题在册子上，那句诗是 You shall see the difference now that we are back again！翻译出来即是："如今我们回来了，你们看便不同了！"

少年的中国，中国的少年，我们也该时时刻刻记着这句话：

如今我们回来了，你们看便不同了！

这便是少年中国的精神。

（本文为1919年7月胡适在少年中国学会上的演讲，原载1919年《少年中国》第1期）

思想的方法

一个人的思想,差不多是防身的武器,可以批评什么主义,可以避免一切纷扰。我们人总以为思想只有智识阶级才有,可是这是不尽然的,有的时候,思想不但普通人没有,就是学者也没有。普通人每天做事、吃饭、洗脸、漱口……都是照着习惯做去,没有思想的必要,所以不能称为有思想;就是关着窗子,闭着门户,一阵子的胡思乱想,也绝对不是思想的本义。原来思想是有条理,有系统,有方法的。

我们遇着日常习惯的事,总是马马虎虎地过去,及至有一个异于平常的困难发生,才用思想去考虑和解决。譬如学生每天从宿舍到课堂,必须经过三岔路和电车站,再走过二行绿荫荫的柳树,和四层楼的红房子,然后才至课堂。这在每天来往的学生,是极平常而不注意的事;但要是一个新考进来的学生,当他到了三岔路口的辰光,一定有一个问题发生:就是在这三条路中,究竟打哪一条路走能到目的地?那个时候,要解决这个困难,思想便发生了。

要管理我们的思想,照心理学上讲,须要用五种步骤:

思想的方法

1. **困难的发生** 人必遇有歧路的环境或疑难问题的时候，才有思想发生。倘无困难，决不会发生思想。

2. **指定困难的所在** 有的困难是很容易解决的，那就没有讨论和指定困难的所在的必要。要是像医生的看病，那就有关人命了。我们遇着一个人生病的时光，往往自己说不出病之所在；及至请了医生来，他诊了脉搏，验了小便，就完了事；后来吃了几瓶药水，就能够恢复原状。他所以能够解决困难，和我们所以不能解决困难的不同点，就在能否指定和认清困难之所在罢了。

3. **假设解决困难的方法** 这就是所谓出主意了。像三岔路口的困难者，他有了主意，必定向电车站杨柳树那边跑。这种假设的由来，多赖平日的知识与经验。语云："养兵千日，用在一朝。"我们求学亦复如此。这一步实是最重要的一步。要是在没有思想的人，他在脑袋中，东也找不到，西也找不到，虽是他在平常，能够把书本子倒背出来；可是没有观察的经验和考虑的能力，一辈子的胡思乱想，终是不能解决困难的啊。

但是也有人，因为学识太足了，经验太富了，到困难来临的时候，脑海中同时生了许多不同的解决方法；有的时候，把对的主意，给个人的感情和嗜好压了下去，把不对的主意，反而实行了。及后铸成大错，追悔莫及。所以思想多了，一定还要用精密谨慎的方法，去选定一个最好的主意。

4. **判断和选定假设之结果** 假若我脑海中有了三种主意：

第一主意的结果是A、B、C、D，第二主意的结果是E、F、G，第三主意的结果是H、I，那个时候，就要考虑它三个结果的价值和利害；然后把其中最容易而准确的结果设法证明。

还有我们做事，往往用主观的态度，而不用客观的态度，这就是我们常说的："某人说话，不负责任"的解释了。

此次五卅惨案，也有许多激烈的青年，主张和英国宣战，他们没有想到战争时和战争后，政治上、商业上、交通上、经济上、军事上的一切设备和结果。他们只知唱高调，不负责任地胡闹，只被成见和一时感情的冲动所驱使，没有想到某种条件有某种结果，和某种结果有没有解决某种条件的可能。

5. 证实结果　既已择定一个解决困难的方法，再要实地实验，看它的实效如何以定是非与价值。遇有事实不易在自然界发生的，则用人力造成某种条件以试验之。例如欲知水是否为氢氧二元素所构成，此事在自然界不易发生，于是以人力合二原质于一处，加以热力，考察是否能成水。更以水分析之，看能否成氢氧二元素，即从效果上来证实水的成分。

从前我的父亲有一次到满洲去勘界。一天到了一个大森林，走了多天，竟迷了路。那个时候干粮也吃完了，马也疲乏了，在无可如何的时光，他爬上山顶，登高一望，只见翠绿的树叶，弥漫连续,他用来福枪放起来,再把枯树焦叶烧起来,可是等了半天,连救援人的影踪也找不到。他便着急起来了，隔一会儿，他想起从前古书里有一句话,叫做"水必出山"。他便选定了这个办法,找到了河,遵了河道,走了一日夜,竟达到了目的地。

又有一例。禅宗中有一位烧饭的,去问他的大法师道:"佛法是什么?"那大法师算了半天,才回答道:"上海的棉花,二个铜子一斤。"烧饭的便说道:"我问你的是佛法,你答我的是棉花,这真是牛头不对马面了。"隔了三年,他到了杭州的灵隐寺去做烧饭,他又乘便问那主持的和尚道:"佛法是什么?"那主持和尚道:"杭州的棉花,也是二个铜子一斤。"他更莫名其妙。于是他便跑到普陀山、峨眉山……途中饱尝了饥渴盗匪之苦,问了许多和尚法师,竟没有得到一个圆满的解决。有一天,他到了一个破庙房,碰到一个老年的女丐,口中唧唔地在自语着,他在不知不解间,听得一句不相干的话,忽然间竟觉悟了世界上怎样的困难,他也就明白了"佛法是什么"。他在几十年中所怀的闷葫芦,一旦竟明白了,不是偶然的。这就是孟子所说"资之深,则取之左右逢其源",只要把自己的思想运用,把自己的脑筋锻炼,那么,什么东西都可以迎刃而解了!

在宋朝有一个和尚,名叫法贤,人家称他做五祖大师,他最喜欢讲笑话。他讲:从前有一个贼少爷,问贼老爷道:"我的年纪也大了,也不能天天玩耍了,爹爹也可以教我一点立身之道吗?"那贼老爷并不回答他,到了晚上,导他到一座高大的屋宇,进了门,便把自己身边的钥匙,开了一个很大的衣橱,让他的儿子进去,待到贼少爷跨进衣橱,贼老爷把橱门啪地关上,并且锁着;自己连喊"捉贼,捉贼"地逃了。那时候,贼少爷在衣橱里是急极了,他想,"我的爹爹叫我来偷东西,那么他为什么把我锁在里边,岂不是叫他们活剥剥地把我捉住,送我到牢狱里去,尝铁窗风味吗?"可是他既而一想,"怎么样我可以出去?"便用嘴作老鼠咬衣服的声音,吱吱地一阵乱叫,居然有人给他开门了,他便乘着这个机会,把开门的人打倒,把蜡烛吹灭,等仆人们来追赶他,他早已一溜烟地跑回家了。他看见父亲之后,第一声便问道:"你为什么把我关在橱里呢?"那贼老爷道:"我先要问你,你是怎么样出来的?"他便把实情一五一十地讲给贼老爷听,他听了之后,眉开眼笑地说道:"你也干得了!"要是这位贼少爷,在困难发生的时候,不用思想,他早已大声地喊道:"爹爹啊!不要关门啊。"

我们读书不当死读,要讲合用;在书本之外,尤其要锻炼脑力,运用思想,和我的父亲,禅宗中的烧饭者和贼少爷一般无二。他们是能用有条理有系统有方法的思想,去解决他们的困难的。

我记得前几天有一个日本新闻记者问我:"现在中国青年的思想是什么?"我便很爽快地答道:"中国的青年,是没有思想的。"这一句话,我觉得有一点武断,并且很对不起我国的青年,可是我也有不得已的苦衷。当我在北京大学教论理学的时光,我出了三个问题:

（一）照你自己经验上讲，有何可称为思想的事实？

（二）在福尔摩斯的侦探案中，用科学方法分析出来有何可称为思想的事实？

（三）在科学发明史上，有何可称为思想的事实？

到了后来，第二第三都能回答得很对，第一问题简直回答的不满十分之二，而他们所回答的，完全是答非所问，这便因为他们平时不注意于运用思想的缘故。

（本文为1925年10月28日胡适在光华大学的演讲，赵家璧记，原载1926年1月5日《学生杂志》第13卷第1期）

智识的准备

1

在这个值得纪念的仪式完毕之后,你们就被列入少数特权分子之列——大学毕业生。今天并不是标示着人生一段时期的结束或完毕,而是一个新生活的开始,一个真正生活和真正充满责任的开端。

人家对你们作为大学毕业生的,总期望会与平常人有所不同,和大多数没有念过大学的人有所不同。他们预料你们言行会有怪异之处。

你们有些人或许不喜欢人家把你们目为与众不同、言行怪异的人。你们或许想要和群众混在一起,不分彼此。

让我们向你们保证,要回到群众中间,使人不分彼此,是一件容易做到的事。假如你们有这个愿望,你们随时都可以做到,你们随时都可以成为一个"好同伴",一个"易于相处的人"——而人们,包括你们自己,马上就会忘记你们曾经念过大学这回事。

虽然大学教育当然不该把我们造成为"势利之徒"和"古

怪的人",可是我们大学毕业生一直保留一点儿与众不同的标志,却也不是一件坏事。这一点儿与众不同的标志,我相信,是任何学术机构的教育家所最希望造成的。

大学男女学生与众不同的这个标志是什么呢?多数教育家都很可能会同意地说,那是一个多少受过训练的脑筋——一个多少有规律的思想方式——这会使得,也应当使得,受大学教育的人显出有些与众不同的地方。

一个头脑受过训练的人在看一件事是用批判和客观的态度,而且也用适当的智识学问为凭依。他不容许偏见和个人的利益来影响他的判断和左右他的观点。他一直都是好奇的,但是他绝对不会轻易相信人。他并不仓促地下结论,也不轻易地附和他人的意见,他宁愿耽搁一段时间,一直等到他有充分的时间来查考事实和证据后,才下结论。

总而言之,一个受过训练的头脑,就是对于易陷入于偏见、武断和盲目接受传统与权威的陷阱,存有戒心和疑惧。同时,一个受过训练的脑筋绝不是消极或是毁灭性的。他怀疑人并不是喜欢怀疑的缘故;也并不是认为"所有的话都有可疑之处,所有的判断都有虚假之处"。他之所以怀疑是为了想确切相信一件事。为了要根据更坚固的证据和更健全的推理为基础,来建立或重新建立信仰。

你们四年的研究和实验工作一定教过你们独立思考、客观判断、有系统的推理，和根据证据来相信某一件事的习惯。这些就是，也应当是，标示一个人是大学生的标志。就是这些特征才使你们显得"与众不同"和"怪异"，而这些特征可能会使你们不孚众望和不受欢迎，甚至为你们社会里大多数人所畏避和摒弃。

可是，这些有点令人烦恼的特点却是你们母校于你们居留在此时间中，所教导你们而为此最感觉自豪的事。这些求知习惯的训练，如果我没有判断错误的话，也就是你们在大学里有责任予以培养起来的，回家时从这个校园里所带走的，并且在你们整个一生和在你们一切各种活动中，所继续不断地实行和发展的。

伟大的英国科学家，同时也是哲学家的赫胥黎曾说过："一个人一生中最神圣的行为就是口里讲，内心深感觉到这句话：'我相信某件事是实在的。'紧附在那个行为上的是人生存在世上一切最大的报酬和一切最严重的责罚。"要成功地完成这一个"最神圣的行为"，那应用在判断、思考和信仰上的思想训练和规律是必要的。

所以在这一个值得纪念的日子，你们必须问自己的第一个问题就是：我是否获得所期望于为一个受大学教育的我所该有的充分智识训练吗？我的头脑是否有充分的装备和准备来做赫胥黎所说的"一个人一生中最神圣的行为"？

2

我们必须要体会到"一个人一生中最神圣的行为"也同时是我们日常所需做的行为。另一个英国哲学家弥尔曾说过:"各个人每天每时每刻都需要确切证实他所没有直接观察过的事情……法官、军事指挥官、航海人员、医师、农场经营者(我们还可以加上一般的公民和选民)的事,也不过是将证据加以判断,并按照判断采取行动……就根据他们做法(思考和推论)的优劣,就可决定他们是否尽其分内的职责。这是头脑所不停从事的职责。"

由于人人每日每时都需要思考,所以人在思考时,极容易流于疏忽,漠不关心和习惯性的态度。大学教育毕竟难以教给我们一整套精通与永久适用的求知习惯,原因是其所需的时间远超过大学的四年。大学毕业生离开了他的实验室和图书馆,往往感觉到他已经工作得太劳累,思考得太辛苦,毕业后应当享受到一种可以不必求知识的假期。他可能太忙或者太懒,而无法把他在大学里刚学到而还没有精通的智识训练继续下去。他可能不喜欢标榜自己为受过大学教育"好炫耀博学的人"。他可能发现讲幼稚的话与随和大众的反应是一种调剂,甚至是一种愉快的事。无论如何,大学毕业生离开大学之后,最普遍的危险就是溜回到怠惰和懒散方式的思考和信仰。

所以大学生离开学校后，最困难的问题就是如何继续培养精稔实验室研究的思考态度和技术，以便将这种思考的态度和技术扩展到他日常思想、生活和各种活动上去。

天下没有一个普遍适用以提防这种懒病复发的公式。但是我们仍然想献给列位一个简单的妙计，这个妙计对我自己和对我的学生和朋友都很实用。

我所想要建议的是各个大学毕业生都应当有一个或两个或更多足以引起兴趣和好奇心的疑难问题，借以激起他的注意、研究、探讨，或实验的心思。你们大家都知道的，一切科学的成就都是由于一个疑难的问题碰巧激起某一个观察者的好奇心和想象力所促成的。有人说没有装备良好的图书馆和实验室是无法延续求知的兴趣的。这句话是不确实的。请问阿基米德、伽利略、牛顿、法拉第，或者甚至达尔文或巴斯德究竟有什么实验室或图书馆的装备呢？一个大学毕业生所需要的仅是一些会激起他的好奇心，引起他的求知欲和挑激他的想法求解决的有趣的难题，那种挑激引发的性质就足够引致他搜集资料、触类旁通、设计工具和建立简单而适用的试验和实验室。一个人对于一些引人好奇的难题不发生兴趣的话，就是处在设备良好的实验室和博物馆中，智识上也不会有任何发展。

四年的大学教育所给予我们的，毕业只不过是已经研究出来和尚未研究出来的学问浩瀚范围的一瞥而已。不管我们主修的是哪一个科目,我们都不应当有自满的感觉,以为在我们专门科目范围内,已经没有不解决的问题存在。凡是离开母校大门而没有带一两个智识上的难题回家去,和一两个在他清醒时一直缠绕着他的问题,这个人的智识生活可以说是已经寿终正寝了。

这是我给你们的劝告:在这一个值得纪念的日子里,你们该花费几分钟,为你们自己列一个智识的清单,假如没有一两个值得你们下决心解决的智识难题,就不轻易步入这个大世界。你们不能带走你们的教授,也不能带走学校的图书馆和实验室。可是你们带走几个难题,这些难题时刻都会使你们智识上的自满和怠惰下来的心受到困扰。除非你们向这些难题进攻,并加以解决,否则你们就一直不得安宁。那时候,你们看吧,在处理和解决这些小难题的时候,你们不但使你们思考和研究的技术逐渐纯熟和精稔,而且同时开拓出智识的新地平线并达到科学的新高峰。

3

这种一直有一些激起好奇心和兴趣的疑难问题来刺激你们的小妙计有许多功用。这个妙计可使你们一生中对研究学问的兴趣永存不灭,可开展你们新嗜好的兴趣,把你们日常生活提高到超过惯性和苦闷的水准之上。常常在沉静的夜里,你们突然成功地解决了一个讨厌的难题而很希望叫醒你们的家人，对他们叫喊着说："我找到了，我找到了！"那时候给你们的是智识上的狂喜和很大的乐趣。

但是这种自找问题和解决问题方式最重要的用处，是在于用来训练我们的能力，磨炼我们的智慧，而因此使我们能精稔实验与研究的方法和技术。对思考技术的精稔可能引使你们达到创造性的智识高峰；但是也同时会渐渐地普遍应用在你们整个生活上，并且使你们在处理日常活动时，成为比较懂得判断的人，会使你们成为更好的公民，更聪明的选民，更有智识的报纸读者，成为对于目前国家大事或国际大事一个更为胜任的评论者。

这个训练对于为一个民主国家里公民和选民的你们是特别重要的。你们所生活的时代是一片充满了惊心动魄事件的时代，一个势要毁灭你们政府和文化根基的战争时代。而从各方面拥集到你们身上的是强有力不让人批驳的思想形态，巧妙的宣传，以及随意歪曲的历史。希望你们在这个要把人弄得团团转的旋风世界中，要建立起你们的判断力，要下自己的决定，投你们的票，和尽你们的本分。

有人会警告你们要特别提高警觉，以提防邪恶宣传的侵袭。可是你们要怎样做才能防御宣传的侵入呢？因为那些警告你们的人本身往往就是职业的宣传员，只不过他们罐头上所用的是不同的商标；但这些罐头里照样是陈旧的和不准批驳的东西！

例如，有人告诉你们，上次世界大战所有一切唯心论的标语，像"为世界民主政治的安全而战"和"以战争来消弭战争"这些话，都是想讨人欢喜的空谈和烟幕而已。但是揭露这件事的人也就是宣传者，他要我们全体都相信美国之参加上次世界大战是那些"担心美元英镑贬值"的放高利贷者和发战争财者所促成的。

再看另一个例子。你们是在一个信仰所培养之下长大起来的。这些信仰就是相信你们的政府形式，属于人民的政府，尊敬个人的自由，特别是相信那保护思想、信仰、表达和出版等自由的政府形式是人类最伟大的成就之一。但是我们这一代的新先知们却告诉你们说，民主的代议政府仅是资本主义制度下的一个必然的副产品，这个制度并没有实质的优点，也没有永恒的价值；他们又说个人的自由并不一定是人们所希求的，为了集体的福利和权力的利益起见，个人的自由应当视为次要的，甚至应当加以抑压下去。

这些和许多其他相反的论调到处都可以看到听到，都想要迷惑你们的思想，麻木你们的行动。你们需要怎么样准备自己来对付一切所有这些相反的论调呢？当然不会是紧闭着眼睛不看，掩盖着耳朵不听吧。当然也不会躲在良好的古老传统信仰的后面求庇护吧，因为受攻击和挑衅的就是古老的传统本身。当然也不会是诚心诚意地接受这种陈腔滥调和不准批驳的思想和信仰的体系，因为这样一个教条式的思想体系可能使你们丢失了很多的独立思想，会束缚和奴役你们的思想，以致从此之后，你们在智识上说，仅是机械一个而已。

你们可能希望能保持精神上的平衡和宁静，能够运用你自己的判断，唯一的方法就是训练你们的思想，精湛自由沉静思考的技术。使我们更充分了解智识训练的价值和功效的就是在这智识困惑和混乱的时代。这个训练会使我们能够找到真理——使我们获得自由的真理。

关于这种训练与技术，并没有什么神秘的地方。那就是你们在实验室所学到的，也就是你们最优秀的教师终生所从事，而在你们研究论文上所教你们的方法，那就是研究和实验的科学方法。也就是你们要学习应用于解决我所劝你们时刻要找一两个疑难问题所用的同样方法。这个方法，如果训练得纯熟精通，会使我们能在思考我们每天必须面对有关社会、经济和政治各项问题时，会更清楚，会更胜任的。

以其要素言，这个科学技术包括非常专心注意于各种建议、思想和理论，以及后果的控制和试验。一切思考是以考虑一个困惑的问题或情况开始的。所有一切能够解决这个困惑问题的假设都是受欢迎的。但是各个假设的论点却必须以在采用后可能产生的后果来作为适用与否的试验，凡是其后果最能满意克服原先困惑所在的假设，就可接受为最好和最真实的解决方法。这是一切自然、历史和社会科学的思考要素。

人类最大的谬误，就是以为社会和政治问题简单得很，所以根本不需要科学方法的严格训练，而只要根据实际经验就可以判断，就可以解决。

但是事实却是刚刚相反的。社会与政治问题是关联着千千万万人命和福利的问题。就是由于这些极具复杂性和重要性的问题是十分困难的，所以使得这些问题到今日还没有办法以准确的定量衡量方法和试验与实验的精确方法来计量，甚至以最审慎的态度和用严格的方法也无法保证绝无错误。但是这些困难却省免不了我们用尽一切审慎和批判的洞察力来处理这些庞大的社会和政治问题的必要。

两千五百年前某诸侯[1]问孔子说："一言而可以兴邦，……一言而丧邦，有诸？"

想到社会与政治的问题，总会提醒我们关于向孔子请教的这两个问题，因为对社会与政治的思考必然会连带想起和计划整个国家，整个社会，或者整个世界的事。所以一切社会与政治理论在用以处理一个情况时，如果粗心大意或固守教条，严重地说来，可能有时候会促成预料不到的混乱、退步、战争和毁灭，有时就

---

[1] 译者注：此处某诸侯乃指鲁定公。

真的是一言兴邦，一言丧邦。

刚就在前天，希特勒对他的军队发出一个命令，其中说到一句话：他要决定他的国家和人民未来一千年的命运！

但希特勒先生一个人是无法以个人的思想来决定千千万万人的生死问题。你们在这里所有的人需要考虑你们在即将来临的本地与全国选举中有所选择，所有的人需要对和战问题表达意见，并不决定。是的，你们也会考虑到一个情况，你们在这个情况中的思考是正确，是错误，就会影响千千万万人的福利，也可能直接或间接地决定未来一千年世界与其文化的命运！

所以为少数特权阶级的我们大学男女，严肃的和胜任的把自己准备好，以便像在今日的这个时代，这个世界，每日从事思考和判断，把我们自己训练好，以便作有责任心的思考，乃是我们神圣的任务。

有责任心的思考至少含着三个主要的要求：第一，把我们的事实加以证明，把证据加以考查；第二，如有差错，谦虚地承认错误，慎防偏见和武断；第三，愿意尽量彻底获致一切会随着我们观点和理论而来的可能后果，并且道德上对这些后果负责任。

怠惰的思考，容许个人和党团的因素不知不觉地影响我们的思考，接受陈腐和不加分析的思想为思考之前提，或者未能努力以获致可能后果，来试验一个人的思想是否正确等等就是智识上不负责任的表现。

你们是否充分准备来做这件在你们一生中最神圣的行动——有责任心的思考?

(本文为1941年6月胡适在美国普渡大学毕业典礼上的演讲,题为"Intellectual Preparedness",郭博信译文收入胡颂平编撰《胡适之先生年谱长编初稿》第5册)

中国哲学里的科学精神与方法

1

前两次的东西哲学会议上都有人提出过这样的问题:东方从前究竟有没有科学呢?东方为什么科学很不发达,或者完全没有科学呢?

对于第一个问题,有些答案似乎确然说是没有。薛尔顿教授(Prof. W. H. Sheldon)说:"西方产生了自然科学,东方没有产生。"[1] 诺斯洛浦(Prof. Filmer S. C. Northrop)也说:"(东方)很少有超过最浅近最初步的自然史式的知识的科学。"[2]

---

[1] 薛尔顿教授的论文"Main Contrasts Between Eastern and Western Philosophy"(《东西哲学的主要不同》),见摩尔(CharlesA. Moore)编的 *Essays in East-West Philosophy*(《东西哲学论文集》,即1949年第二次东西哲学家会议的论文集,檀香山夏威夷大学出版处,1951年版),页291。

[2] 诺斯洛浦教授的论文"The Complementary Emphasis of Eastern Intuitive and Western Scientific Philosophy"(《东方直觉哲学与西方科学哲学互相补充的重点》),见摩尔编的 *Philosophy-East and West*(《东西哲学》,即1939年第一次东西哲学家会议的论文集,普林斯顿大学出版处,1944年版),页212。

对于第二个问题，东方为什么科学不发达，或者完全没有科学，答案很不一致。最有挑战性刺激性的答案是诺斯洛浦教授提出来的。他说："一个文化如果只容纳由直觉得来的概念，就天然被阻止发展高过那个最初步的、归纳法的、自然史阶段的西方式的科学。"[1]依照诺斯洛浦的定义说，由直觉得来的概念只"表示可以当下了解的事物，所含的意思全是由这种可以当下了解的事物得来的"[2]。诺斯洛浦的理论是：

> 一个文化如果只应用由直觉得来的概念，就用不着形式推理和演绎科学。假如科学和哲学所要指示的只是当下可以了解的事物，那么，很明白，人只要观察、默想，就可认识这种事物了。直觉的和默想的方法也就是惟一靠得住的方法了。这正是东方人的见解，也正是他们的科学很久不能超过初步自然史阶段的原因——由直觉得来的概念把人限制在那个阶段里了。[3]

---

[1] 诺斯洛浦教授的论文"The Complementary Emphasis of Eastern Intuitive and Western Scientific Philosophy"(《东方直觉哲学与西方科学哲学互相补充的重点》)，见摩尔编的 *Philosophy-East and West*(《东西哲学》，即1939年第一次东西哲学家会议的论文集，普林斯顿大学出版处，1944年版)，页212。
[2] 《东西哲学》，页173。
[3] 《东西哲学》，页223。

这个理论又有这样扼要的一句话："东方人用的学说是根据由直觉得来的概念造成的，西方人用的学说是根据由假设得来的概念造成的。"[1]

我不想细说这个诺斯洛浦理论，因为我们这些二十来年时时注意这位哲学家朋友的人对于他的理论一定都知道得很清楚。

我只想指出，就东方的知识史来看，这个东西二分的理论是没有历史根据的，是不真实的。

第一，并没有一个种族或文化"只容纳由直觉得来的概念"。老实说，也并没有一个个人"只容纳直觉得来的概念"。人是天生的一种会思想的动物，每天都有实际需要逼迫他做推理的工作，不论做得好做得不好。人也总会懂得把推理做得更好些，更准确些。有一句话说得很不错：推理是人时时刻刻逃不开的事。为了推理，人必须充分使用他的理解能力、观察能力、想象能力、综合与假设能力、归纳与演绎能力。这样，人才有了常识，有了累积起来的经验知识，有了智慧，有了文明和文化。这样，东方人和西方人，在几个延续不绝的知识文化传统的中心，经历很长的时间，才发展出来科学、宗教、哲学。我再说一遍，没有一个文化"只容纳（所谓）由直觉得来的概念"，也没有一个文化天然"被

---

[1] 诺斯洛浦的 *The Meeting of East and West*（《东西的会合》，纽约麦米伦书店，1946 年版），页 448。

阻止发展西方式的科学"。

第二,我想指出,为着尝试了解东方和西方,所需要的是一种历史的看法(a historical approach),一种历史的态度,不是一套"比较哲学上的专门名词"。诺斯洛浦先生举的"由假设得来的概念"有这些项:半人半兽[1],《第四福音》的开头一句,天父的概念,圣保罗、圣奥古斯丁、圣阿奎那斯的基督教[2],还有德谟克利图的原子,波尔(Bohr)——和卢斯福(Ruthorford)——古典物理学上的原子模型[3],爱因斯坦物理学上的时空连续[4]。然而,我们在印度和中国的神话宗教著作里当然能够找到一千种想象的概念,足可以与希腊的半人半兽相比。我们又当然能够举出几十种印度和中国的宗教观念,足可以与《第四福音》的开头一句相比。[5]所以这一套"两分法"的名词,这一套专用来渲染历史上本来不存在的一个东西方的分别的名词,难道我们还不应当

---

[1]《东西哲学》,页183。
[2]《东西哲学》,页216。
[3]《东西哲学》,页183。
[4]《东西哲学》,页185。
[5] 译者注:《第四福音》开头一句里的Logos曾被译作"道",正是老子《道德经》第一句里的"道"。诺斯洛浦若知道此一翻译,也许会觉得有兴味。受过现代语言学训练的人大概会把Logos译作"名",即是《老子》第二句里的"名",此"名"曾被误译作The name,诺斯洛浦曾引用,同上书,页204。(《约翰福音》第一句:"太初有道,道与神同在,道就是神。")诺斯洛浦引用《老子》,据陈荣捷的翻译。

要求停止使用吗？

因此，我现在很想解释一下我所说的比较哲学上用的历史的看法是什么。简单地说，历史的看法只是认为东方人和西方人的知识、哲学、宗教活动上一切过去的差别都只是历史造成的差别，是地理、气候、经济、社会、政治，乃至个人经历等等因素所产生，所决定，所塑造雕琢成的；这种种因素，又都是可根据历史，用理性，用智慧，去研究，去了解的。用这个历史的看法，我们可以做出耐心而有收获的种种研究、探索，可以不断求人了解，绝不只是笑，只是哭，或只是失望。用这个历史的看法，我们可以发现，东西两方的哲学到底还是相似多于相异；也许可以发现，不论有多少明显的差别存在，都不过是种种历史的因素特别凑合所造成的重点的程度上的差别。用这个历史的看法，也许我们更容易了解我们所谓"西方式的科学"的兴起要迅速发达，更容易了解这绝不是什么优等民族的一个独立的，并且是独占的创造，而是许多历史因素一次非常幸运的凑合的自然结果。凭着一种耐心的历史探索，也许我们更容易了解，无论哪一种历史因素，或是种种因素的凑合，都不会"天然阻止"一个种族或文化——或者使一个种族或文化永远失了那种能力——学习、吸收、发展，甚至于超过另一民族在种种历史条件之下开创发扬起来的那些知识活动。

说一个文化"天然被阻止发展西方式的科学"，是犯了没有根据的悲观失望（to despair prematurely）。但是尽力弄清楚有些什么因素使欧洲得到了至少四百年来领导全世界发展近代科学的光荣，在另一方面又有些什么因素，或者是些什么因素怎样凑合起来，对于有史以来多少个种族或文化（连中世纪的"希腊罗马基督教"文化也不例外）在科学发展上遭受的阻碍以至于推行毁坏，要负很大的责任，——这在我们这个很有学问的哲学家与哲学史家的会议中，也是一件值得做的事业，一种应当有的抱负。

2

我预备这篇论文，用了一个不很谦虚的题目：《中国哲学里的科学精神与方法》，也是想要显示一点比较哲学上用的历史的看法。

我有意不提中国哲学的科学内容，不但是为了那份内容与近四百年西方科学的成就不能相比——这是一个很明白的理由，而且正因为我的见解是：在科学发达史上，科学的精神或态度与科学的方法，比天文家、历法改革家、炼金术士、园艺家在实用上或经验上的什么成就都更有基本的重要性。

前哈佛大学校长康南特博士（Dr. James B. Conant），本身够一个第一流的科学家，在他的演讲集《懂得科学》（*On Understanding Science*）里，把这个见解表达得很有力量。因此我要引他说的话：

十六十七世纪那些给精确而不受成见影响的探索立下标准的早期研究工作者，他们的先驱是些什么人呢？哥白尼、伽利略、维萨略（Vesalius）的精神上的祖先是什么人呢？中世纪那些偶然做实验工作的人，那些细心设计造出新机械的人，虽然渐渐增加了我们物理和化学的经验知识，都还算不得。这些人留给后世的人还只是许多事实资料，只是达到实用目标的有价值的方法，还不是科学探索的精神。要看严格的知识探索上的新勇气奋发，我们得向那少数深深浸染了苏格拉底传统的人身上去找，得向那些凭着原始的考古方法首先重新获得了希腊、罗马文化的早期学者身上去找。在文艺复兴的第一个阶段里把对于冷静追求真理的爱好发扬起来的人，都是研究人文的，他们的工作都不是关乎生物界或无生物界的，在中世纪，尽力抱评判态度而排除成见去运用人类的理智，尽力深入追求，没有恐惧也没有偏好……这种精神全是靠那些作讨论人文问题的人保持下来的。在学术复兴时代（The revival of learning）的初期，最够得上说是表现了我们近代不受成见影响的探索的观念的，也正是人文学者的古代研究。

佩服拉克（Petrarch）、薄伽邱（Boccaccio）、马奇维里（Machiavelli）、依拉斯莫斯（Erasmus），而绝不是那些炼金术士，应当算是近代科学工作者的先驱。依同样的道理说来，拉伯雷（Rabelais）与蒙丹（Montaigne）发扬了评判的哲学精神，在我看也应当算是近代科学家的前辈。[1]

我相信康南特校长的见解根本上是正确的。他给他的演讲集加了一个副标题：《一个历史的看法》（*An historical approach*），这也是很值得注意的。

从这个历史的观点看来，"对于冷静追求真理的爱好"，"尽力抱评判态度而排除成见去运用人类的理智，尽力深入追求，没有恐惧也没有偏好"，"有严格的智识探索上的勇气"，"给精确而不受成见影响的探索立下标准"——这些都是科学探索的精神与方法的特征。我的论文的主体也就是讨论在中国知识史、哲学史上可以找出来的这些科学精神与方法的特征。

3

首先，古代中国的知识遗产里确有一个"苏格拉底传统"。自由问答、自由讨论、独立思想、怀疑、热心而冷静的求知，都

---

[1] 康南特的 *On Understanding Science*（《懂得科学》，纽约 Mentor Books，1951年版），页23、24。参看他的 *Science and Common Sense*（《科学与常识》，耶鲁大学出版社，1951年版），页10—13。

是儒家的传统。孔子常说他本人"学而不厌，诲人不倦"，"好古敏以求之"。有一次，他说他的为人是"发愤忘食，乐以忘忧，不知老之将至"。

过去两千五百年中国知识生活的正统就是这一个人创造磨琢成的。孔子确有许多地方使人想到苏格拉底。像苏格拉底一样，孔子也常自认不是一个"智者"，只是一个爱知识的人。他说："知之者不如好之者；好之者不如乐之者。"

儒家传统里一个很可注意的特点是有意奖励独立思想，鼓励怀疑。孔子说到他的最高才的弟子颜回，曾这样说："回也，非助我者也，于吾言无所不说（悦）。"然而他又说过："吾与回言终日，不违，如愚。退而省其私，亦足以发。"孔子分明不喜欢那些对他说的话样样都满意的听话弟子。他要奖励他们怀疑，奖励他们提出反对意见。这个怀疑问题的精神到了孟子最表现得明白了。他公然说"尽信《书》不如无《书》"，公然说他看《武成》一篇只"取其二三策"。孟子又认为要懂得《诗经》必须先有一个自由独立的态度。

孔子有一句极有名的格言是："学而不思则罔，思而不学则殆。"[1] 他说到他自己："吾尝终日不食，终夜不寝，以思，无益，

---

[1] 译者注：《东西哲学与文化》的编者注为胡博士因两次重病住院几个月（现在恢复），故有些引用的经文缺注出处（这是 1961 年末的注）。

不如学也。""学如不及,犹恐失之。""朝闻道,夕死可矣。"这正是中国的"苏格拉底传统"。

知识上的诚实是这个传统的一个紧要部分。孔子对一个弟子说:"由,诲女(汝)知之乎?知之为知之,不知为不知;是知也。"又有次,这个弟子问怎样对待鬼神,孔子说:"未能事人,焉能事鬼?"这个弟子接着问到死,孔子说:"未知生焉知死?"这并不是回避问题,这是教训一个人对于不真正懂得的事要保持知识上的诚实。这种对于死和鬼神的存疑态度,对后代中国的思想发生了持久不衰的影响。这也是中国的"苏格拉底传统"。

近几十年来,有人怀疑老子(老聃)是不是个历史的人物,《老子》这部古书的真伪和成书年代。然而我个人还是相信孔子确做过这位前辈哲人老子的学徒,我更相信在孔子的思想里看得出有老子的自然主义宇宙观和无为的政治哲学的影响。

在那样早的时代(公元前6世纪)发展出来一种自然主义的宇宙观,是一件真正有革命性的大事。《诗经》的"国风"和"雅"、"颂"里所表现的中国古代观念上的"天"或"帝",是一个有知觉,有感情,有爱有恨的人类与宇宙的最高统治者。又有各种各样的鬼神也掌握人类的运命。到了老子才有一种全新的哲学概念提出来,代替那种人格化的一个神或许多个神:

> 有物混成,先天地生。寂兮寥兮,独立而不改,周行而

> 不殆,可以为天下母。吾不知其名,字之曰道,强为之名曰大。

这个新的原理叫做"道",是一个过程,一个周行天地万物之中,又有不变的存在的过程。道是自然如此的,万物也是自然如此的。

"道常无为,而无不为。"这是这个自然主义宇宙观的中心观念。这个观念又是一种无为放任的政治哲学的基石。"太上,下知有之。"这个观念又发展成了一种谦让的道德哲学,一种对恶对暴力不抵抗的道德哲学:"上善若水,水善利万物而不争。""柔弱胜刚强。""常有司杀者杀。夫代司杀者杀,是谓代大匠斫。夫代大匠斫者希有不伤其手者矣。"

这是孔子的老师老子所创的自然主义传统。然而老师和弟子有一点基本的不同。孔子是一个有历史头脑的学者,一个伟大的老师,伟大的教育家,而老子对知识和文明的看法是一个虚无主义的看法。老子的理想国是小国寡民,有舟车之类的"什伯之器而不用";"使民复结绳而用之""常使无知无欲"。这种知识上的虚无主义与孔子的"有教无类"的民主教育哲学何等不同!

然而这个在《老子》书里萌芽,在以后几百年里充分生长起来的自然主义宇宙观,正是经典时代的一份最重要的哲学遗产。自然主义本身最可以代表大胆怀疑和积极假设的精神。自然主义和孔子的人本主义,这两极的历史地位是完全同等重要的。中国每一次陷入非理性、迷信、出世思想，——这在中国很长的历史上有过好几次——总是靠老子和哲学上的道家的自然主义，或者靠孔子的人本主义，或者靠两样合起来，努力把这个民族从昏睡中救醒。

第一个反抗汉朝的国教，"抱评判态度去运用人类的理智，尽力深入追求，没有恐惧也没有偏好"的大运动，正是道家的自然主义哲学与孔子、孟子的遗产里最可贵的怀疑和看重知识上的诚实的精神合起来的一个运动。这个批评运动的一个最伟大的代表是《论衡》八十五篇的作者王充（公元27—约100）。

王充说他自己著书的动机，"亦一言也，曰：疾虚妄"。"是反为非，虚转为实，安能不言？……世间书传，多若等类，浮妄虚伪，没夺正是，心愦涌，笔手扰，安能不论？论则考之以心，效之以事；浮虚之事，辄立证验。"[1]

他所批评的是他那个时代的种种迷信，种种虚妄，其中最大最有势力的是占中心地位的灾异之说。汉朝的国教，挂着儒教的牌子，把灾异解释作一种仁爱而全知的神（天）所发的警告，为的是使人君和政府害怕，要他们承认过错，改良恶政。这种汉朝的宗教是公元前一二世纪里好些哲人政治家造作成的。他们所忧心的是在一个极广阔的统一帝国里如何对付无限君权这个实际问

---

[1]《论衡》二十九。

题，这种忧心也是有理由的；他们有意识或半有意识地看中了宗教手段，造出来一套苦心结构的"天人感应"的神学，这套神学在汉朝几百年里也似乎发生了使君主畏惧的作用。

最能够说明这套灾异神学的是董仲舒（公元前179—约前104）。他说话像一个先知，也很有权威；"人之所为，极其美恶，乃与天地流通而往来相应。""国家将有失道之败，而天乃先出灾害以谴告之；不知自省，又出怪异以警惧之；尚不知变，而伤败乃至。以此见天心之仁爱人君而欲止其乱也。"[1]这种天与人君密切相感应的神学据说是有《尚书》与《春秋》（记载天地无数异变，有公元前722年至前481年之间的三十六次日蚀，五次地震）的一套精细解释作根据。然而儒宗的经典还不够支持这个荒谬迷忌的神学，所以还要加上一批出不完的伪书，叫做"谶"（预言）、"纬"（与经书交织来辅助经书的材料），是无数经验知识与千百种占星学的古怪想法混合成的。

这个假儒家的国教到了最盛的时候确被人认真相信了，所以有好几个丞相被罢黜，有一个丞相被赐死，只是因为据说天有了灾异的警告。三大中古宗教之一真是控制住帝国了。

王充的主要批评正针对着一个有目的上帝与人间统治者互相感应这种基本观念。他批评的是帝国既成的宗教的神学。他用来

---

[1] 译者注：《汉书·董仲舒传》。

批评这种神学的世界观是老子与道家的自然主义哲学。他说：

> 夫天道，自然也，无为；如谴告人，是有为，非自然也。……损皇天之德，使自然无为转为人事，故难听之也。[1]

因此，他又指出，

> 人在天地之间，犹蚤虱之在衣裳之内，蝼蚁之在穴隙之中。……天至高大，人至卑小，……以七尺之细形，感皇天之大气，其无分铢之验，必也。[2]

这也就是他指责天人感应之说实在是"损皇天之德"的理由。

他又提出理由来证明人和宇宙间的万物都不是天地有意（故）生出来的，只是自己偶然（偶）如此的：

> 儒者论曰："天地故生人。"此言妄也。夫天地合气，人偶自生也。……因气而生，种类相产。……如天故生万物，当令其相亲爱，不当令人相贼害也，……则生虎狼蝮蛇及蜂

---

[1]《论衡》四十二。
[2]《论衡》四十三。

蚕之虫，皆贼害人，天又欲使人为之用耶？[1]

公元第一世纪正是汉朝改革历法的时代。所以王充尽量利用了当时的天文学知识打破那流行的恶政招来灾异谴告的迷信说法。他说：

> 四十一二月日一食，五六月月亦一食。食有常数，不在政治。百变千灾，皆同一状，未必人君政教所致。[2]

然而王充对于当世迷信的无数批评里用得最多的证据还是日常经验中的事实。他提出五"验"来证明雷不是上天发怒，只是空中阴阳两气相激而生的一种火。他又举许多条证据来支持他的无鬼论。其中说得最巧妙，从来没有人能驳的一条是："如审鬼者死人之精神，则人见之，宜徒见其裸袒之形，无为见衣带被服也。何则？衣服无精神，人死与形体俱朽，何以得贯穿之乎？"[3]

以上就我所喜欢的哲学家王充已经说得很多了。我说他的故事，只是要表明中国哲学的经典时代的大胆怀疑和看重知识上的

---

[1]《论衡》十四。
[2]《论衡》五十三。
[3]《论衡》六十二。

诚实的精神如何埋没了几百年还能够重新起来推动那种战斗：用人的理智反对无知和虚妄、诈伪，用创造性的怀疑和建设性的批评反对迷信，反对狂妄的权威。大胆的怀疑追问，没有恐惧也没有偏好，正是科学的精神。"浮虚之事，辄立证验"，正是科学的手段。

4

我这篇论文剩下的部分要给中国思想史上的一个大运动做一个简单的解说性的报告。这个运动开头的时候有一个："即物而穷其理""以求至乎其极"[1]的大口号，然而结果只是改进了一种历史的考证方法，因此开了一个经学复兴的新时代。

这个大运动有人叫做新儒家（Neo-Confucian）运动，因为这是一个有意要恢复佛教进来以前的中国思想和文化的运动，是一个要直接回到孔子和他那一派的人本主义，要把中古中国的那种大大印度化的，因此是非中国的思想和文化推翻革除的运动。这个运动在根本上是一个儒家的运动，然而我们应当知道那些新儒家的哲人又很老实地采取了一种自然主义的宇宙观，至少一部分正是道家传下来的，新儒家的哲人大概正好认为这种宇宙观胜

---

[1] 朱熹《大学补传》。

过汉朝(公元前206—公元220)以来的那种神学的、目的论的"儒家"宇宙观。所以这又是老子和哲学上的道家的自然主义与孔子的人本主义合起来反抗中古中国那些被认为是非中国的、出世的宗教的一个实例。

这个新儒家运动需要一套新的方法,一套新工具(Novum Organum),于是在孔子以后出来的一篇大约一千七百字的《大学》里找到了一套方法。新儒家的开创者们从这篇小文章里找着了一句"致知在格物"。程氏兄弟(程颢,1032—1085;程颐,1033—1107)的哲学,尤其是那伟大的朱熹(1130—1200)所发扬组织起来的哲学,都把这句话当做一条主旨。这个穷理的意思说得再进一步,就是"即凡天下之物,莫不因其已知之理而益穷之"[1]。

什么是"物"呢?照程朱一派的说法,"物"的范围与"自然"一般广大,从"一草一木"到"天地之高厚"[2]都包括在内。但是这样的"物"的研究是那些哲人做不到的,他们只是讲实物讲政治的人。

他的大成就有两个方向:第一,他常常对人讲论怀疑在思想和研究上的重要——这怀疑只是"权立疑义",不是一个目的,而是一个要克服的疑难境地,一个要解决的恼人问题,一个要好

---

[1] 朱熹《大学补传》。
[2] 《二程语录》卷十一,丛书集成本,页143。

好对付的挑战。第二,他有勇气把这个怀疑和解除怀疑的方法应用到儒家的重要经典上,因此开了一个经学的新时代,这个新经学要到他死后几百年才达到极盛的地步。

他没有写一部《尚书》的注解,但他对《尚书》的研究却有划时代的贡献,因为他有大勇气怀疑《尚书》里所谓"古文"二十五篇的真伪。这二十五篇本来分明是汉朝的经学家没有见到的,大概公元4世纪才出来,到了7世纪才成为《尚书》的整体的一部分。汉朝博士正式承认的二十八篇(实在是二十九篇)原是公元前2世纪一个年老的伏生(他亲身经历公元前213年的焚书)口传下来,写成了当时的"今文"。

朱子一开始提出来的就是一个大疑问:"孔壁所出《尚书》……皆平易,伏生所传者难读。如何伏生偏记得难的,至于易的全记不得?此不可晓。"[1]

《朱子语类》记载他对每一个问《尚书》的学生都说到这个疑问。"凡易读者皆古文,……却是伏生记得者难读。"[2]朱子并没有公然说古文经是后来人伪造的,他只是要他的弟子们注意这个难解的文字上的差别。他也曾提出一种很温和的解释,说那些篇难读的大概代表实际上告诫百姓的说话,那些篇容易读的是史

---

[1]《朱子语类》卷七八,页3202。
[2]《朱子语类》卷七八,页3203。

官修改过，甚至于是重写过的文字。

这样一个温和的说话自然不能消除疑问；那个疑问一提出来就要存在下去，要在以后几百年里消耗经学家的精神。

一百年之后，元朝（1271—1368）的吴澄接受了朱子的挑战，寻得了一个合理的结论，认为那些篇所谓"古文"不是真正的《尚书》的一部分，而是很晚出的伪书。因此吴澄作《书纂言》，只承认二十八篇"今文"，不承认二十五篇"古文"。

到了16世纪，又有一位学者梅鷟，也来研究这个问题。他在1543年出了一部书，证明《尚书》的"古文"部分是4世纪的一个作者假造的，那个作者分明是从若干种提到那些篇"佚"书的篇名的古书里找到许多文字，用作造假的根据。梅鷟费了力气查出伪《尚书》的一些要紧文字的来源。

然而还要等到17世纪又出来一个更大的学者阎若璩（1636—1704），才能够给朱子在12世纪提出的关于《古文尚书》的疑惑定案。阎若璩花了三十多年工夫写成一部大著作《尚书古文疏证》。他凭着过人的记忆力和广博的书本知识，几乎找到《古文尚书》每一句的来源，并且指出了作伪书的人如何错引了原文或误解了原文的意义，才断定这些篇是有心伪造的。总算起来，阎若璩为证明这件作伪，举了一百多条证据。他的见解虽然大受当时的保守派学者的攻击，我们现在总已承认阎若璩定了一个铁案，是可以使人心服了。我们总已承认：在一部儒家重要经典里，有差不多半部,也曾被当做神圣的文字有一千年之久,竟不能不被判定是后人假造的了。

而这件可算得重大的知识上的革命不能不说是我们的哲人朱子的功绩,因为他在12世纪已表示了一种大胆的怀疑,提出了一个很有意思的,只是他自己的功夫还不够解答的问题。

朱子对《易经》的意见更要大胆,大胆到在过去七百年里没有人敢接受,没有人能继续推求。

他出了一部《周易本义》,又有一本小书《易本义启蒙》。他还留下不少关于《易经》的书信和谈话记录。[1]

他的最大胆的论旨是说《易经》虽然向来被看作一部深奥的哲理圣典,其实原来只是卜筮用的本子,而且只有把《易》当做一部卜筮的书,一部"只是为卜筮"[2]的书,才能懂得这部书。"八卦之画本为占筮,……文王重卦作繇辞,周公作爻辞,亦只是为占筮。""如说田猎、祭祀、侵伐、疾病,皆是古人有此事去卜筮,故爻中出此。""圣人要说理,……何不别作一书,何故要假卜筮来说?""若作卜筮看,极是分明。"[3]

这种合乎常识的见解在当时是从来没有人说过的见解。然而

---

[1]《朱子语类》卷六六—六七。
[2]《朱子语类》卷六六,页2636,2642,2650。
[3]《朱子语类》卷六六,页2636,2638,2640,2647,2658。

他的一个朋友表示反对,说这话"太略"。朱子答说:"譬之此烛笼,添得一条骨子,则障了一路明。若能尽去其障,使之体统光明,岂不更好?"[1]

这是一个真正有革命性的说法,也正可以说明朱子一句深刻的话:"道理好处又却多在平易处。"[2]然而朱子知道他的《易》只是卜筮之书的见解对他那个时代说来是太急进了。所以他很伤心地说:"此说难向人道,人不肯信。向来诸公力求与某辨,某煞费力气与他分析。而今思之,只好不说,只做放那里,信也得,不信也得,无许多力气分疏。"[3]

朱子的《诗集传》(1117)在他身后做了几百年的标准读本,这部注解也是他可以自傲的。他这件工作有两个特色足以开辟后来的研究道路。一个特色是他大胆抛弃了所谓"诗序"所代表的传统解释,而认定"雅""颂"和"国风"都得用虚心和独立的判断去读。另一个特色是他发现了韵脚的"古音";后世更精神的全部古音研究,科学的中国音韵的前身,至少间接是他那个发现引出来的。

作《通志》的郑樵(1104—1162)是与朱子同时的人,但是

---

[1]《朱子语类》卷六七,页2693。
[2]《朱子语类》卷十一,页351。
[3]《朱子语类》卷六六,页2639—2640。

年长的一辈,出了一部小书《诗辨妄》,极力攻击"诗序",认为那只是一些不懂文学,不懂得欣赏诗的村野妄人的解释。郑樵的激烈论调先也使我们的哲人朱子感到震动,但他终于承认:"后来仔细看一两篇,因质之《史记》《国语》,然后知'诗序'之果不足信。"[1]

我再举相冲突的观念引起疑惑的一个好例,也是肯虚心的人能容受新观念,能靠证据解决疑惑的好例。朱子谈到他曾劝说他的一个一辈子的朋友吕祖谦(1137—1181),又是哲学上的同道,不要信"诗序",但劝说不动。他告诉祖谦,只有很少几篇"诗序"确有《左传》的材料足以作证,大多数"诗序"都没有凭证。"渠却云:'安得许多文字证据?'某云:'无证而可疑者,只当阙之,不可据序作证。'渠又云:'只此序便是证。'某因云:'今人不以诗说诗,却以序解诗。'"[2]

朱子虽然有胆量去推翻"诗序"的权威,要虚心看每一篇诗来求解诗的意义,但是他自己的新注解,他启发后人在同一条路上向前走动的努力,却还没有圆满的成绩。传统的分量对朱子本人,对他以后的人,还太沉重了。然而近代的全不受成见左右的学者用了新的工具,抱着完全自由的精神,来做《诗经》的研究,

---

[1]《朱子语类》卷八十,页3357。
[2]《朱子语类》卷八十,页3360。

绝不会忘记郑樵和朱熹的大胆而有创造性的怀疑。

朱子的《诗经》研究的第二个特色,就是叶韵的古音方面的发现,他在这一方面得了他同时的学者吴棫(死在1153或1154年)的启发和帮助。吴棫是中国音韵学一位真正开山的人,首先用归纳的方法比较《诗》三百篇押韵的每一句,又比较其他上古和中古押韵的诗歌。他的著作不多,有《诗补音》《楚辞释音》《韵补》。只有最后一种翻刻本传下来。

《诗经》有许多韵脚按"今"音读不押韵,但在古代是自然押韵的,所以应当照"古音"读:这的确是吴棫首先发现的。他细心把三百多篇诗的韵脚都排列起来,参考上古和中古的字典韵书推出这些韵脚的古音。他的朋友徐葳,也是他的远亲,替他的书作序,帮他耐心搜集大批实例,比较这些实例的方法说得很清楚,"如服之为房六切,其见于《诗》者凡十有六,皆当为蒲北切(bek,高本汉读b'iuk),而无与房六叶者。友之为云十九切,其见于《诗》者凡十有一,皆当做羽轨切,而无与云九叶者"。

这种严格的方法深深打动了朱子,所以他作《诗集传》,决意完全采用吴棫的"古音"系统。然而他大概是为了避免不必要的争论,所以不说"古音",只说"叶韵"——也就是说,某一个字应当从某音读,是为了与另一读音显然没有变化的韵脚相叶。

但是他对弟子们谈话,明白承认他的叶韵大部分都依吴棫,只有少数的例有添减;又说叶韵也是古代诗人的自然读音,因为

"古人作诗皆押韵，与今人歌曲一般"[1]。这也就是说，叶韵正是古音。

有人问吴棫的叶韵可有什么根据，朱子答说："他皆有据，泉州有其书。每一字多者引十余证，少者亦两三证。他说元初更多，后删去（为省抄写刻印的工费），姑存此耳。"[2]朱子的叶韵也有同吴棫不同的地方，他在《语类》和《楚辞集注》[3]里都举了些证人比较。

但是因为朱子的《诗集传》全用"叶韵"这个名词，全没有提到"古音"，又因为吴棫的书有的早已失传，也有的不容易得，所以16世纪初已有一种讨论，严厉批评朱子不应当用"叶韵"这个词。1580年，有一位大学者，也是哲学家，焦竑（1540—1620），在他的《笔乘》里提出了一个理论的简单说明［大概是他的朋友陈第（1541—1617）的理论］，以为古诗歌里的韵脚凡是不合近世韵的本来都是自然韵脚，但是读音经历长时间有了变化。他举了不少例来证明那些字照古人歌唱时的读音是完全押韵的。

焦竑的朋友陈第做了许多年耐心的研究，出了一套书，讨论

---

[1]《朱子语类》卷八十，页3366。
[2]《朱子语类》卷八十，页3365。
[3]《朱子语类》卷八十，页3363—3367；又《楚辞集注》卷三，《天问》"能流厥严"句注。

好几种古代有韵的诗歌集里几百个押韵的字的古音。这套书的第一种《毛诗古音考》，是1606年出的，有焦竑的序。

陈第在自序里提出他的主要论旨：《诗经》里的韵脚照本音读是全自然押韵的，只是读音的自然变化使有些韵脚似乎全不押韵了。朱子所说的"叶韵"，陈第认为大半都是古音或本音。

他说："于是稍为考据，列本证旁证二条。本证者《诗》自相证也。旁证者采之他书也。"

为了说明"服"字一律依本来的古音押韵，他举了十四条本证，十条旁证，共二十四条。他又把同样的归纳法应用在古代其他有韵文学作品的古音研究上。为了求"行"字的古音，他从《易经》有韵的部分找到四十四个例，都与尾音 ang 的字押韵。为一个"明"字，他从《易经》里找到十七个证据。

差不多过了半个世纪，爱国的学者顾炎武（1613—1682）写成他的《音学五书》。其中一部是《诗本音》；一部是《易音》；一部是《唐韵正》，这是一种比较古音与中古音的著作。顾炎武承认他受了陈第的启发，用了他的把证据分为本证和旁证两类的方法。

我们再用"服"字作例子。顾炎武在《诗本音》里举了十七条本证，十五条旁证，共三十二条。在那部大书《唐韵正》里，他为说明这个字在古代的音韵是怎样的，列举从传世的古代有韵的作品里找到的一百六十二条证据！

这样耐心收集实例、计算实例的工作有两个目的：第一，只有这些方法可以断定那些字的古音，也可以找出可能有的违反通则而要特别解释的例外。顾炎武认为这种例外可以从方言的差异来解释。

但是这样大规模收集材料的最大用处还在于奠定一个有系统的古音分部的基础。有了这个古代韵文研究作根据，顾炎武断定古音可以分入十大韵部。

这样音韵学才走上了演绎的、建设的路：第一步是弄明白古代的"韵母"（韵部）；然后，在下一个时期，弄明白古代声母的性质。

顾炎武在1667年提出十大韵部。下一百年里，又有好些位学者用同样归纳和演绎的考证方法研究同一个问题。江永（1681—1762）提出十三个韵部。段玉裁（1735—1815）把韵部加到十七个。他的老师，也是朋友，戴震（1724—1777），又加到十九个。王念孙（1744—1832）和江有诰（死在1851年），各人独立工作，得到了彼此差不多的一百二十一部的系统。

钱大昕（1728—1804）是18世纪最有科学头脑的人里的一个，在1799年印出来他的笔记，其中有两条文字是他研究古代唇、齿音的收获。[1]这两条文字都是第一等考证方法的最好的模

---

[1]《十驾斋养新录》卷五，"古无轻唇音""古无舌头舌上分"两条。

范。他为唇音找了六十多个例子，为齿音也找了差不多数目的例子。为着确定各组里的字的古音，每一步工作都是归纳与演绎的精熟配合，都是从个别的例得到通则，又把通则应用到个别的例上。最后的结果产生了关于唇、齿音的变迁的两条大定律。

我们切不可不知道这些开辟中国音韵学的学者们有多么大的限制，所以他们似乎从头注定要失败的。他们全没有可给中国语言用的拼音字母的帮助。他们不懂得比较不同方言，尤其是比较中国南部、东南部、西南部的古方言。他们又全不懂高丽、越南、日本这些邻国的语言。这些中国学者努力要了解中国语言的音韵变迁，而没有这种有用的工具，所以实在是要去做一件几乎一定做不成的工作，因此，要评判他们的成功失败，都得先知道他们这许多重大的不利条件。

这些大人物可靠的工具只是他们的严格的方法：他们耐心把他们承认的事实或例证搜罗起来，加以比较，加以分类，表现了严格的方法；他们把已得到的通则应用到归了类的个别例子上，也表现了同等严格的方法。12世纪的吴棫、朱熹，17世纪的陈第、顾炎武，还有十八九世纪里那些继承他们的人，能够做出中国音韵问题的系统研究，能够把这种研究做得像一门学问——成了一套合乎证据、准确、合理、系统化的种种严格标准——确实差不多全靠小心应用一种严格的方法。

我已经把我所看到的近八百年中国思想里的科学精神与方法的发达史大概说了一遍。这部历史开端在11世纪，本来有一个很高大的理想，要把人的知识推到极广，要研究宇宙万物的理或定律。那个大理想没有法子不缩到书本的研究——耐心而大胆地研究构成中国经学传统"典册"的有数几部大书。一种以怀疑和解决怀疑做基础的新精神和新方法渐渐发展起来了。这种精神就是对于牵涉经典的问题也有道德的勇气去怀疑，就是对于一份虚心，对于不受成见影响的、冷静的追求真理，肯认真坚持。这个方法就是考据或考证的方法。

我举了这种精神和方法实际表现的几个例，其中最值得注意的是考订一部分经书的真伪和年代，由此产生了考证学，又一个是产生了中国音韵的系统研究。

然而这个方法还应用到文史的其他许多方面，如校勘学、训诂学（semantics，字义在历史上变迁的研究）、史学、历史地理学、金石学，都有收获，有效验。

17世纪的陈第、顾炎武首先用了"本证""旁证"这两个名词，已经是充分有意运用考证方法了。因为有17世纪的顾炎武、阎若璩这两位大师的科学工作把这种方法的效验表现得非常清楚，所以到了十八九世纪，中国第一流有知识的人几乎都受了这种方法的吸引，都一生用力把这个方法应用到经书和文史研究上。结果就造成了一个学术复兴的新时代，又叫做考据的时代。

这种严格而有效的方法的科学性质,是最用力批评这种学术的人也不能不承认的。方东树(1772—1851)正是这样一位猛烈的批评家,他在1826年出了一部书,用大力攻击整个的新学术运动。然而他对于同时的王念孙、引之(1766—1834)父子所用的严格的方法也不得不十分称赞。他说:"以此义求之近人说经,无过高邮父子《经义述闻》,实足令郑、朱俯首,汉唐以来未有其匹。"[1]一个用大力攻击整个新学术运动的人有这样的称赞,足以证明小心应用科学方法最能够解除反对势力的武装,打破权威和守旧,为新学术赢得人的承认、心服。

这种"精确而不受成见影响的探索"的精神和方法,又有什么历史的意义呢?

一个简单的答案,然而是全用事实来表示的答案,应当是这样的:这种精神和方法使一个主观的、理想主义的、有教训意味的哲学的时代(从11世纪到16世纪)不能不让位给一个新时代了,使那个哲学显得过时、空洞、没有用处,不足吸引第一等的人了。这种精神和方法造成了一个全靠严格而冷静的研究作基础的学术复兴的新时代(1600—1900)。但是这种精神和方法并没有造成一个自然科学的时代。顾炎武、戴震、钱大昕、王念孙所代表的精确而不受成见影响的探索的精神并没有引出来中国的一

---

[1]《汉学商兑》卷中之下,《宋鉴·说文解字疏序》条。

个伽利略、维萨略、牛顿的时代。

这又是为什么呢?为什么这种科学精神和方法没有产生自然科学呢?

不止四分之一世纪以前,我曾试提一个历史的解释,做了一个17世纪中国与欧洲知识领袖的工作的比较年表。我说:

> 我们试作一个17世纪中国与欧洲学术领袖的比较年表——17世纪正是近代欧洲的新科学与中国的新学术定局的时期——就知道在顾炎武出生(1613)之前年,伽利略做成了望远镜,并且用望远镜使天文学起了大变化,解百勒(Kepler)发表了他的革命性的火星研究和行星运行之时,哈维(Harvey)发表了他的论血液运行的大作(1628),伽利略发表了他的关于天文学和新科学的两部大作(1630)。阎若璩开始做《尚书》考证之前十一年,佗里杰利(Toricelli)已完成了他的空气压力大实验(1644)。稍晚一点,波耳(Boyle)宣布了他的化学新实验的结果,做出了波耳氏律(1660—1661)。顾炎武写成他的《音学五书》(1667)之前一年,牛顿发明了微积分,完成了白光的分析。1680年,顾炎武写《音学五书》的后序;1687年,牛顿发表他的《自然哲学原理》(*Principia*)。
>
> 这些不同国度的新学术时代的大领袖们在科学精神和方

法上有这样非常显著的相像,使他们的工作范围的基本不同却也更加引人注意。伽利略、解百勒、波耳、哈维、牛顿所运用的都是自然的材料,是星球、球体、斜面、望远镜、显微镜、三棱镜、化学药品、天文表。而与他们同时的中国所运用的是书本、文字、文献证据。这些中国人产生了三百年的科学的书本学问;那些欧洲人产生了一种新科学和一个新世界。[1]

这是一个历史的见解,但是对于17世纪那些中国大学者有一点欠公平。我那时说:"中国的知识阶级只有文学的训练,所以活动的范围只限于书本和文献。"这话是不够的。我应当指出,他们所推敲的那些书乃是对于全民族的道德、宗教、哲学生活有绝大重要性的书。那些大人物觉得抄出这些古书里每一部的真正意义是他们的神圣责任。他们正像白朗宁(Robert Browing)的诗里写的"文法学者"(Grammarian):

"你卷起的书卷里写的是什么?"他问,
"让我看看他们的形象,

---

[1] *The Chinese Renaissance*(《中国文艺复兴》,芝加哥大学,1934年版),页70—71。

那些最懂得人类的诗人圣哲的形象,——

拿给我!"于是他披上长袍,

一口气把书读透到最后一页……

"我什么都要知道!……

盛席要吃到最后的残屑。"

"时间算什么?'现在'是犬猴的份!

人有的是'永久'。"[1]

白朗宁对人本主义时代的精神的礼赞正是:"这人决意求的不是生存,是知识。"[2]

孔子也表示同样的精神:"学如不及,犹恐失之。""朝闻道,夕死可矣。"朱子在他的时代也有同样的表示:"义理无穷,惟须毕力钻研,死而后已耳。"[3]

但是朱子更进一步说:"诸公所以读书无长进,缘不会疑。""才疑,便须理会得彻头。"后来真能使继承他的人,学术复兴的新时代的那些开创的人和做工的人,都懂得了怀疑——抱着虚心去怀疑,再找方法解决怀疑,即使是对待经典大书也敢去

---

[1] 白朗宁的诗,"A Grammarian's Funeral"(《一个文法学者的葬礼》)。
[2] 同上。
[3] 《朱文公集》卷五十九,《答余正叔》,第三书。

怀疑。而且，正因为他们都是专心尽力研究经典大书的人，所以他们不能不把脚跟站稳：他们必须懂得要有证据才可以怀疑，更要有证据才可以解决怀疑。我看这就足够给一件大可注意的事实作一种历史的解释，足够解释那些只运用"书本、文字、文献"的大人物怎么竟能传下来一个科学的传统，冷静而严格的探索的传统，严格的靠证据思想，靠证据研究的传统，大胆的怀疑与小心的求证的传统——一个伟大的科学精神与方法的传统,使我们，当代中国的儿女，在这个近代科学的新世界里不觉得困扰迷惑，反能够心安理得。

（本文为1959年7月胡适在夏威夷大学第三届"东西方哲学家会议"上宣读的论文，原题"The Right to Doubt in Ancient Chinese Thought"，收入 Philosophy and Culture–East and West，夏威夷大学，1962年。徐高阮译文载1964年8月、9月《新时代》第4卷第8、9期）

谈谈四健会的哲学

主席、各位先生、各位小姐：

大家都知道四健会按原来英文"4-H CLUBS"的次序是 Head（头脑），Heart（心），Hands（手），Health（身体健康）。蒋梦麟先生在"四健运动"一文里，说"训练会员健手、健身、健脑、健心"。梦麟先生改动四健的次序，好像不是无意的，我想他有意地要大家先从两只手开始，从健手健身做到健脑健心。

四健会的会歌里有这一句："行中求知精益求精。"这歌词是梦麟先生作的。四健会的标准语中有："从工作中学习，从学习中工作。""工作要先做计划，计划要切实推行。""要以工作的纪录表现工作的成绩。"我猜想这几句标语里也有梦麟先生的手笔。蒋梦麟先生做了几十年的教育教授，教了几十年的教育哲学，他是一个教育哲学家，提倡这个"四健运动"，不是完全抄袭外国的"4-H CLUBS"的。他一定仔细想过，他好像已经不动声色地把他的教育哲学做了四健会的哲学了。

我的猜想未必全对，但你们这个"四健会"的背后有一种教育哲学，是毫无可疑的。这种哲学就是"行中求知"，就是"从工作中学习，从学习中工作"。这就是四健会的教育哲学。这种哲学也可以说是孙中山先生的"行易知难"学说的一个中心思想，就是他说的"以行而求知，因知而进行"（《孙文学说》第五章）。这种哲学也可以说是蒋梦麟先生和我的老师杜威先生的实验主义的教育哲学，就是"教育就是生活，教育就是继续不断地改造我们的经验，要使我们的生活格外有意义，要使我们主管未来生活的能力格外高明"。

总而言之，我从旁观察，你们这个"四健运动"有一种教育哲学做中心，大概是因为你们参加这个运动的五六万青年朋友都是努力作实际工作的人，所以他们的哲学家蒋梦麟先生平时就不肯多谈这个运动背后的哲学了。

蒋先生叫我今日到这儿来谈话，我昨天才看见"年会活动时间表"，才知道我今天的任务是"专题讲演"，我没有"专题"可以讲，只好来谈谈"四健会的哲学"，谈谈"四健会的教育哲学"。我的看法是：向三百位青年朋友谈谈你们这个运动背后的"哲学"，也许有点用处，也许可以给你们的工作增添一点意义，增添一点新兴趣。所以我今天指出你们唱的四健会歌里的"行中求知"就是你们的哲学；你们的标语"从工作中学习，从学习中工作"，也就是你们的哲学。

"行中求知"四个字，"从工作中学习"六个字，都可以说是"四健运动"的远大的意义，根本的意义，所以说是你们的哲学，是你们的教育哲学。这就是说：你们生活的是一种新的教育方法，你们的工作就是学习，就是求知识，就是学习活的知识，活的技能，就是增加生活的能力，就是活的教育。这就是说：教育不完全靠书本，不完全靠课堂上的教科书知识，不完全靠学校上课。活的教育，有用的教育，真实的教育可以从生活里得来，可以从工作中得来。这种从工作中得来的教育往往比课堂上书本里得来的教育还更有用，还更有价值。

这种"行中求知"，"从工作中学习"的教育哲学，我国思想史上曾有人主张过。这种哲学很有点像三百年前中国北方起来的一个学派的思想。那个北方学派叫做"颜氏学派"，因创立的哲学家叫做颜元，他号叫习斋，故也叫做"颜习斋学派"。

诸位四健会的青年朋友都是从农村来的，我要介绍给你们这位哲学家颜元是真正从农村里出来的中国哲学家，他是直隶省博野县人，他的父亲从小被卖给邻县一个姓朱的做儿子，所以改姓朱，颜元小时也姓朱。他四岁时，满洲兵打进来，他的父亲正同朱家闹气，就跟着满洲兵跑到国外去了，从此没有信息。颜元十岁时，明朝就亡国了，十二岁时，他母亲改嫁去了，颜元就在朱家长大，在农村私塾里读书，他很聪明，也很顽皮，但因为他聪明，也读了不少杂书，也学做八股文章。后来朱家也衰败了，颜元到廿岁时，因家贫无法维生，只有种田养家，又读了一些医书，学做医生；又考取了秀才，他就开了一个蒙馆教小学生。他一面种田，一面教小学生，有时还做医生，他的生活是北方农村的蒙馆先生的生活。

颜元喜欢读宋朝、明朝的哲学书，自命要做圣人贤人。宋朝、明朝的哲学家教人静坐，他做了十多年的理学功夫，到了三十四岁，他才从自己的痛苦经验中得到一种思想上的大感悟、大革命。

他发觉静坐是无用的，读书不是教育。他大胆地说：宋朝、明朝的大哲学家教人静坐，教人谈天说性，教人空谈道理，都是错的，都是错了路，都违反了中国古圣人孔子、孟子的思想，都不是真学问，也不是真教育。他反对静坐，反对读书，反对静的教育。他提倡一种动的教育、活的教育，他说，真的知识必须从动手实习做得来，因为他注重动，实做实习，所以他自己取"习斋"做名号。

宋朝以来的哲学家都爱讲"格物致知"。"格物"有种种说法，颜元都不赞成。他说"格物"的"格"字就是"手格野兽"的"格"字，"格"就是"犯手去做"，就是动手去做实习。他自己种田，又做医生，两种职业都需要动手去做，所以他的思想特别注重实做实习。所以他反对一切"谈天说性"的玄谈。他说："谈天论性，聪明者如打诨猜拳，愚浊者如捉风听梦。"他有许多新鲜的、含有思想革命意味的见解，我只能引他两段话，来表现他的教育思想。

谈谈四健会的哲学

（一）以读经史订群书,为穷理处事以求道之功,则相隔千里。以读经史订群书为即穷理处事,曰道在是焉,则相隔万里矣。……

譬之学琴然。《诗》《书》如琴谱也,烂熟琴谱,可谓学琴乎?更有妄人指琴谱曰是即琴也。……谱果琴乎?……歌得其调,抚娴其指,弦求中音,……声求协律,是谓之学琴矣,未为习琴也。……

手随心,音随手,……是谓之习琴矣,未为能琴也。

心与手忘,手与弦忘,……于是乎命之曰能琴。

（二）譬之于医,《黄帝素问》《金匮》……所以明医理也。而疗疾救世则必诊脉、制药、针灸、摩砭为之力也。

今有妄人,止览医书千百卷,熟读详说,以为予国手矣;视诊脉、制药、针灸、摩砭,以为术家之粗,不足学也。书日博,识日精,一人倡之,举世效之。岐黄盈天下,而天下之人病相枕,死相接也,可谓明医乎?

愚以为从事方脉、药饵、针灸、摩砭、疗疾救世者,所以为医也。……若读尽医书而鄙视方脉、药饵、针灸、摩砭,此妄人也,不惟非岐黄,并非医也。尚不如习一科,验一方者之为医也。

这是颜习斋的"犯手去做"的教育哲学,也就是四健会"从工作中学习""行中求知"的教育哲学。

（本文为1961年2月3日胡适在台北四健会年会上的演讲，原载1961年2月4日台北《中央日报》）

卷五 治理国学

清代学者的治学方法

1

研究欧洲学术史的人知道科学方法不是专讲方法论的哲学家所发明的,是实验室里的科学家所发明的,不是亚里士多德(Aristotle),培根(Bacon),弥尔一班人提倡出来的,是伽利略,牛顿,勃里斯来(Priestley)[1]一班人实地试行出来的。即如世人所推为归纳论理的始祖的培根,他不过曾提倡知识的实用和事实的重要,故略带着科学的精神。其实他所主张的方法,实行起来,全不能适用,决不能当"科学方法"的尊号。后来科学大发达,科学的方法已经成了一切实验室的公用品,故弥尔能把那时科学家所用的方法编理出来,称为归纳法的五种细则。但是弥尔的区分,依科学家的眼光看来,仍旧不是科学用来发明真理解释自然的方法的全部。弥尔和培根都把演绎法看得太轻了,以为只有归纳法是科学方法。近来的科学家和哲学家渐渐地懂得假设和证验

---
[1] 今译普里斯特利。——编注

都是科学方法所不可少的主要分子,渐渐地明白科学方法不单是归纳法,是演绎和归纳互相为用的,忽而归纳,忽而演绎,忽而又归纳;时而由个体事物到全称的通则,时而由全称的假设到个体的事实,都是不可少的。我们试看古今来多少科学的大发明,便可明白这个道理。更浅一点,我们走进化学实验室里去做完一小盒材料的定性分析,也就可以明白科学的方法不单是归纳一项了。

欧洲科学发达了二三百年,直到于今方才有比较的圆满的科学方法论。这都是因为高谈方法的哲学家和发明方法的科学家向来不很接近,所以高谈方法的人至多不过能得到一点科学的精神和科学的趋势;所以创造科学方法和实用科学方法的人,也只顾他自己研究试验的应用,不能用哲学综合的眼光把科学方法的各方面详细表示出来,使人了解。哲学家没有科学的经验,决不能讲圆满的科学方法论。科学家没有哲学的兴趣,也决不能讲圆满的科学方法论。

不但欧洲学术史可以证明我这两句话,中国的学术史也可以引来作证。

2

当印度系的哲学盛行之后,中国系的哲学复兴之初,第一个重要问题就是方法论,就是一种逻辑。那个时候,程子到朱子的时候，禅宗盛行，一个"禅"字几乎可以代表佛学。佛学中最讲究逻辑的几个宗派，如三论宗和法相宗都很不容易研究，经不起少许政府的摧残，就很衰微了。只有那"明心见性，不立文字"的禅宗，仍旧风行一世。但是禅宗的方法完全是主观的顿悟，决不是多数人"自悟悟他"的方法。宋儒最初有几个人曾采用道士派关起门来虚造宇宙论的方法，如周濂溪、邵康节一班人。但是他们只造出几种道士气的宇宙观，并不曾留下什么方法论。直到后来宋儒把《礼记》里面一篇一千七百五十个字的《大学》提出来，方才算是寻得了中国近世哲学的方法论。自此以后，直到明代和清代，这篇一千七百五十个字的小书仍旧是各家哲学争论的焦点。程、朱、陆、王之争，不用说了。直到二十多年前康有为的《长兴学记》里还争论"格物"两个字究竟怎样解说呢！

《大学》的方法论，最重要的是"致知在格物"五个字。程子、朱子一派的解说是：

> 所谓"致知在格物"者，言欲致吾之知，在即物而穷其理也。盖人心之灵莫不有知，而天下之物莫不有理。惟于理有未穷，故其知有不尽也。是以《大学》始教，必使学者即凡天下之物，莫不因其已知之理而益穷之，以求至乎其极。至于用力之久，而一旦豁然贯通焉，则众物之表里精粗无不到，而吾心之全体大用无不明矣。（朱子补《大学》第五章）

这一种"格物"说便是程、朱一派的方法论。这里面有几点很可注意。(1)他们把"格"字作"至"字解,朱子用的"即"字,也是"到"的意思。"即物而穷其理"是自己去到事物上寻出物的道理来。这便是归纳的精神。(2)"即凡天下之物,莫不因其已知之理而益穷之,以求至乎其极",这是很伟大的希望。科学的目的,也不过如此。小程子也说:"语其大至天地之高厚,语其小至一物之所以然,学者皆当理会。"倘宋代的学者真能抱着这个目的做去,也许做出一些科学的成绩。

但是这种方法何以没有科学的成绩呢?这也有种种原因。(1)科学的工具器械不够用。(2)没有科学应用的需要。科学虽不专为实用,但实用是科学发展的一个绝大原因。小程子临死时说:"道著用,便不是。"这种绝对非功用说,如何能使科学有发达的动机?(3)他们既不讲实用,又不能有纯粹的爱真理的态度。他们口说"致知",但他们所希望的,并不是这个物的理和那个物的理,乃是一种最后的绝对真理。小程子说,"今日格一件,明日格一件,积习既多,然后脱然有贯通处"。又说,"自一身之中,至万物之理,但理会得多,自然豁然有觉悟处"。朱子上文说的"至于用力之久,而一旦豁然贯通焉,则众物之表里精粗无不到,而吾心之全体大用无不明矣",这都可证宋儒虽然说"今日格一事,明日格一事",但他们的目的并不在今日明日格的这一事。他们所希望的是那"一旦豁然贯通"的绝对的智慧。这是科学的反面。科学所求的知识正是这物那物的道理，并不妄想那最后的无上智慧。丢了具体的物理，去求那"一旦豁然贯通"的大彻大悟，决没有科学。

再论这方法本身也有一个大缺点。科学方法的两个重要部分，一是假设，一是实验。没有假设，便用不着实验。宋儒讲格物全不注重假设。如小程子说，"致知在格物，物来则知起。物各付物，不役其知，则意诚不动"。天下哪有"不役其知"的格物？这是受了《乐记》和《淮南子》所说"人生而静，天之性也，感于物而动，性之欲也"那种知识论的毒。"不役其知"的格物，是完全被动的观察，没有假设的解释，也不用实验的证明。这种格物如何能有科学的发明？

但是我们平心而论，宋儒的格物说，究竟可算得是含有一点归纳的精神。"即凡天下之物，莫不因其已知之理而益穷之"一句话里，的确含有科学的基础。朱子一生有时颇能做一点实地的观察。我且举《朱子语类》里的两个例：

（1）今登高山而望，群山皆为波浪之状，便是水泛如此。只不知因什么事凝了。

（2）尝见高山有螺蚌壳，或生石中。此石即旧日之土，螺蚌即水中之物。下者却变而为高，柔者却变而为刚。此事思之至深，有可验者。

这两条都可见朱子颇能实行格物。他这种观察，断案虽不正确,已很可使人佩服。西洋的地质学者,观察同类的现状,加上胆大的假设,作为有系统的研究,便成了历史的地质学。

3

起初小程子把"格物"的物字解作"语其大至天地之高厚,语其小至一物之所以然",又解作"自一身之中,至万物之理"。这个"物"的范围,简直是科学的范围。但是当科学器械不完备的时候,这样的科学野心,不但做不到,简直是妄想。所以小程子自己先把"物"的范围缩小了。他说:"穷理亦多端,或读书讲明义理,或论古今人物,别其是非,或应接事物,处其当然,皆穷理也。"这是把"物"字缩到"穷经,应事,尚论古人"三项。后来朱子便依着小程子所定的范围。朱子是一个读书极博的人,他的一生精力大半都用在"读书穷理","读书求义"上。他曾费了大工夫把四子书、四经(《易》《诗》《书》《春秋》)自汉至唐的注疏细细整理一番,删去那些太繁的和那些太讲不通的,又加上许多自己的见解,做成了几部简明贯串的集注。这几部书,八百年来,在中国发生了莫大的势力。他在《大学》《中庸》两部书上用力更多。每一部书有《章句》,又有《或问》,《中庸》还有《辑略》。他教人看《大学》的法子,"须先读本文,念得,次将《章句》来解本文,又将《或问》来参《章句》,须逐一令记得，反复寻究，待他浃洽，既逐段晓得，将来统看温寻过，这方始是"。看这一条，可以想见朱子的格物方法在经学上的应用。

他这种方法是很繁琐的。在那禅学盛行的时代，这种方法自然很受一些人的攻击。陆子批评他道："易简工夫终久大，支离事业竟浮沉。""支离事业"就是朱子一派的"传注"工夫。陆子自己说："学苟知本，则《六经》皆我注脚。"又说，"《六经》注我，我注《六经》"。他所说的"本"，就是自己的心。他说，"宇宙即是吾心，吾心即是宇宙"。他又说，"万物皆备于我。只要明理。然理不解自明，须是隆师亲友"。

朱子说，"人心之灵，莫不有知，而天下之物，莫不有理"。这是说"理"在物中，不在心内，故必须去寻求研究。陆子说，"此心此理，实不容有二"。心就是理，理本在心中，故说"理不解自明"。这种学说和程、朱一系所说"即物而穷其理"的方法，根本上立于反对的地位。

后来明代王阳明也攻击朱子的格物方法。阳明说：

> 众人只说格物要依晦翁，何曾把他的说去用。我着实曾用来。初年与钱友同论做圣贤要格天下之物，因指亭前竹子，令去格看。钱子早夜去穷格竹子的道理，竭其心思，至于三日，便致劳神成疾。当初说他是精力不足，某因自去穷格，早夜不得其理，到七日亦以劳思致疾。遂相与叹，圣贤是做不得

的，无他大力量去格物了！

王阳明这样挖苦朱子的方法，虽然太刻薄一点，其实是很切实的批评。朱子一系的人何尝真做过"即凡天下之物，莫不因其已知之理而益穷之"的工夫？朱子自己说："夫天下之物，莫不有理，而其精蕴则已具于圣贤之书，故必由是以求之。"从"天下之物"缩小到"圣贤之书"，这一步可算跨得远了！

王阳明自己主张的方法大致和陆象山相同。阳明说："心外无物。"又说："物者，事也。凡意之所发，必有其事。意所在之事谓之物。"又说："如吾心发一念孝亲，即孝亲便是物。"他把"格"字当做"正"字解，他说："格者，正也，正其不正以归于正也。"他把"致知"解作"致吾心之良知"，故要人"于其良知所知之善者，即其意之所在之物，而实为之，无有乎不尽；于其良知所知之恶者，即其意之所在之物，而实去之，无有乎不尽"。这就是格物。

陆、王一派把"物"的范围限于吾心意念所在的事物，初看去似乎比程、朱一派的"物"的范围缩小得多了。其实并不然。程、朱一派高谈"即凡天下之物"，其实只有"圣贤之书"是他们的"物"。王阳明承认"格天下之物"是做不到的事，故把范围收小，限定"意所在之事谓之物"。但是陆、王都主张"心外无物"，故"意所在之事"一句话的范围可大到无穷，比程、朱的"圣贤之书"广大得多了。还有一层，陆、王一派极力提倡个人良知的自由，故陆子说，"《六经》为我注脚"，王子说，"夫学贵得之心，求之于心而非也，虽其言之出于孔子，不敢以为是也"。这种独立自由的精神便是学问革新的动机。

但是独立的思想精神，也是不能单独存在的。陆、王一派的学说，解放思想的束缚是很有功的，但他们偏重主观的见解，不重物观的研究，所以不能得社会上一般人的信用。我们在三四百年后观察程、朱、陆、王的争论，从历史的线索上看起来，可得这样一个结论："程、朱的格物论注重'即物而穷其理'，是很有归纳的精神的。可惜他们存一种被动的态度，要想'不役其知'，以求那豁然贯通的最后一步。那一方面，陆、王的学说主张真理即在心中，抬高个人的思想，用良知的标准来解脱'传注'的束缚。这种自动的精神很可以补救程、朱一派的被动的格物法。程、朱的归纳手续，经过陆、王一派的解放，是中国学术史的一大转机。解放后的思想，重新又采取程、朱的归纳精神，重新经过一番'朴学'的训练，于是有清代学者的科学方法出现，这又是中国学术史的一大转机。"

4

中国旧有的学术，只有清代的"朴学"确有"科学"的精神。"朴学"一个名词包括甚广，大要可分四部分：

（1）文字学（Philology）。包括字音的变迁，文字的假借通转等等。

（2）训诂学。训诂学是用科学的方法，物观的证据，来解释古书文字的意义。

（3）校勘学（Textual Criticism）。校勘学是用科学的方法来校正古书文字的错误。

（4）考订学（Higher Criticism）。考订学是考订古书的真伪，古书的著者，及一切关于著者的问题的学问。

因为范围很广，故不容易寻一个总包各方面的类名。"朴学"又称为"汉学"，又称为"郑学"。这些名词都不十分满人意。比较起来，"汉学"两个字虽然不妥，但很可以代表那时代的历史背景。"汉学"是对于"宋学"而言的。因为当时的学者不满意于宋代以来的性理空谈，故抬出汉儒来，想压倒宋儒的招牌。因此，我们暂时沿用这两个字。

"汉学"这个名词很可表示这一派学者的共同趋向。这个共同趋向就是不满意于宋代以来的学者用主观的见解来做考古学问的方法。这种消极方面的动机，起于经学上所发生的问题，后来方才渐渐地扩充，变成上文所说的四种科学。现在且先看汉学家所攻击的几种方法：

（1）随意改古书的文字。

（2）不懂古音，用后世的音来读古代的韵文，硬改古音为

"叶音"。

（3）增字解经。例如解"致知"为"致良知"。

（4）望文生义。例如《论语》"君子耻其言而过其行"，本有错误，故"而"字讲不通，宋儒硬解为"耻者，不敢尽之意，过者，欲有余之辞"，却不知道"而"字是"之"字之误（皇侃本如此）。

这四项不过是略举几个最大的缺点。现在且举汉字家纠正这种主观的方法的几个例。唐明皇读《尚书·洪范》"无偏无颇，遵王之义"，觉得下文都协韵，何以这两句不协韵，于是下敕改"颇"为"陂"，使与义字协韵。顾炎武研究古音，以为唐明皇改错了，因为古音"义"字本读为我，故与颇字协韵。他举《易·象传》"鼎耳革，失其义也；覆公悚，信如何也"，又《礼记·表记》"仁者，右也；道者，左也；仁者，人也；道者，义也"，证明义字本读为我，故与左字，何字，颇字协韵。

又《易·小过》上六，"弗遇过之，飞鸟离之"。朱子说当做"弗过遇之"。顾炎武引《易·离》九三，"日昃之离，不鼓缶而歌，则大耋之嗟"，来证明"离"字古读如罗，与过字协韵，本来不错。

"望文生义"的例如《老子》"行于大道，惟施是畏"，王弼与河上公都把"施"字当做"施为"解。王念孙证明"施"字当读为"迤"，作邪字解。他举的证据甚多：（1）《孟子·离娄》，"施从良人之所之"，赵岐注，"施者，邪施而行"，丁公著音迤。（2）《淮南·齐俗训》，"去非者，非批邪施也"，高诱注，"施，微曲也"。（3）《淮南·要略》，"接径直施"，高注，"施，邪也"。以上三证，证明施与迤通，《说文》说，"迤，衺行也"。（4）《史记·贾生传》，"庚子日施兮"，《汉书》写作"日斜兮"。（5）《韩非子》的《解老》篇解《老子》这一章，也说，"所谓大道也者，端道也。所谓貌施也者，邪道也"。以上两证，证明施字作邪字解。这种考证法还不令人心服吗？

这几条随便举出的例，可以表示汉学家的方法。他们的方法的根本观念可以分开来说：

（1）研究古书，并不是不许人有独立的见解，但是每立一种新见解，必须有物观的证据。

（2）汉学家的"证据"完全是"例证"。例证就是举例为证。看上文所举的三件事，便可明白"例证"的意思了。

（3）举例作证是归纳的方法。举的例不多，便是类推（Analogy）的证法。举的例多了，便是正当的归纳法（Induction）了。类推与归纳，不过是程度的区别，其实它们的性质是根本相同的。

（4）汉学家的归纳手续不是完全被动的，是很能用"假设"的。这是他们和朱子大不相同之处。他们所以能举例作证，正因为他们观察了一些个体的例之后，脑中先已有了一种假设的通则，然后用这通则所包含的例来证同类的例。他们实际上是用个体的例来证个体的例，精神上实在是把这些个体的例所代表的通则，演绎出来。故他们的方法是归纳和演绎同时并用的科学方法。如上文所举的第一件事,顾炎武研究了许多例,得了"凡义字古音皆读为我"的通则。这是归纳。后来他遇着"无偏无颇,遵王之义",一个例,就用这个通则来解释它,说这个义字古音读为我,故能与颇字协韵。这是通则的应用,是演绎法。既是一条通则,应该总括一切"义"字,故必须举出这条"义读为我"的例,来证明这条"假设"的确是一条通则。印度因明学的三支,有了"喻体"(大前提),还要加上一个"喻依"(例),就是这个道理。

5

我现在且举几个最精密的长例来表示汉学家的科学方法。清代汉学的成绩,要算文字学的音韵一部分为最大,故我先举钱大昕考订古今音变迁的一条例。钱氏于古音学上有两大发明,一是"古无轻唇音",一是"古无舌头舌上之分"。前一条我已引在我的《中国哲学史大纲》里了。现在且举他的"古无舌头舌上之分"一条。舌上的音如北方人读"知""彻""澄"三组的字都是舌上音。舌头音为"端""透""定"三组的字(西文的DT两母的字)。钱氏发明现读舌上音的字古音都读舌头的音。他举的例如下:

(1)《说文》,"冲读若动"。《书》"惟予冲人",《释文》"直忠切"。古读直如特,冲子犹童子也。字母家不识古音,读冲为虫,不知古读虫亦如同也。《诗》"蕴隆虫虫",《释文》,"直忠反";徐,

"徒冬反"。《尔雅》作爞爞，郭，"都冬反"。《韩诗》作烔，音徒冬反。是虫与同，音不异。

（2）古音中如得。《三仓》云，"中，得也"。《史记·封禅书》"康后与王不相中"；《周勃传》"子胜之尚公主，不相中"。小司马皆训为得。

（3）古音陟如得。《周礼》"太卜掌三梦之法，……三曰咸陟"，注，"陟之言得也，读如王德翟人之德"。

（4）古音赵如掉。《诗》"其镈斯赵"，《释文》，"徒了反"。《周礼·考工记》注引此作"其镈斯掉"，大了反。《荀子》杨倞注，"赵读为掉"。

（5）古音直如特。《诗》"实惟我特"，《释文》，"《韩诗》作直，云相当值也"。《檀弓》"行并植于晋国"，注，"植或为特"。《王制》"天子犆礿"，《释文》"犆音特"。

（6）古音竹如笃。《诗》"绿竹猗猗"，《释文》"《韩诗》作薄，音徒沃反"，与笃音相近，皆舌音也。笃竹并从竹得声。《论语》"君子笃于亲"，《汗简》云，"古文作竺"。《书》"笃不忘"，《释文》"本又作竺"。《释诂》，"竺，厚也"，《释文》"本又作笃"。《汉书·西域传》，"无雷国北与捐毒接"，师古曰，"捐毒即身毒，天毒也"。《张骞传》，"吾贾人转市之身毒国"，邓展曰，"毒音督"，李奇曰，"一名天竺"。《后汉书·杜笃传》，"摧天督"，注，"即天竺国"。然则竺、笃、毒、督，四字同音。

（7）古读猪如都。《檀弓》"污其宫而猪焉"，注，"猪，都也，南方谓都为猪"。《书》，"大野既猪"，《史记》作既都。"荥波既猪"，《周礼注》引作"荥播既都"。

（8）古读追如堆。《郊特牲》，"毋追"，《释文》"多雷反"。枚乘《七发》，"逾岸出追"，李善注，"追古堆字"。

（9）古读倬如菿。《诗》"倬彼甫田"，《韩诗》作菿。

（10）古读枨如棠。孔子弟子申枨，《史记》作申棠。……因枨有棠音，可悟古读"长"丁丈切，与党音相似，正是音和，非类隔。

（11）古读池如沱。《诗》"滮池北流"，《说文》引作"滮沱"。《周礼》职方氏，"并州，其川虖池"；《礼记》"晋人将有事于河，必先有事于恶池"，即滮沱之异文。

（12）古读廛如坛。《周礼》廛人，注，"故书廛为坛，杜子春读坛为廛"。《载师》，"以廛里任国中之地"，注，"故书廛或为坛，司农读为廛"。

（13）古读秩如䄚。《书》"平秩东作"，《说文》引作䄚，从豊，弟声。……凡从失之字，如跌、迭、挑、蛈、诀，皆读舌音，则秩亦有迭音可信也。

（14）姪娣本双声字。《公羊·释文》"姪，大结反，娣，大计反"，此古音也。《广韵》，姪有"徒结""直一"两切。

（15）古读陈如田。《说文》"田，陈也"。陈完奔齐，以国为氏，而《史记》谓之田氏，是古田陈同声。

钱氏所举的例，不止这十五个，我不能全抄了。看他每举一个例，必先证明那个例；然后从那些证明了的例上求出那"古无舌头舌上之分"的大通则。这里面有几层的归纳和几层的演绎。他从《诗·释文》、《檀弓》注、《王制·释文》各例上寻出"古读直如特"的一条通则，便是一层归纳。他用同样的方法去寻出"古读竹如笃"，"古读猪如都"等等通则，便是十几次的归纳。然后把这许多通则贯串综合起来，求出"古读舌上音皆为舌头音"的大通则，便是一层大归纳。经过这层大归纳之后，有了这个大通则，再看这个通则有没有例外。如字书读冲为虫，他便可应用这条大通则，说虫字古时也读如"同"。这是演绎。他怕演绎的证法还不能使人心服，故又去寻个体的例，如虫字的"直忠"和"都冬"两切，证明虫字古读如同。这又是归纳了。

这是汉字家研究音韵学的方法。三百年来的音韵学所以能成一种有系统有价值的科学，正因为那些研究音韵的人，自顾炎武直到章太炎都能用这种科学的方法，都能有这种科学的精神。

6

我再举一个训诂学的例。清代讲训诂的方法，到王念孙、王引之父子两人，方才完备。二王以后，俞樾、孙诒让一班人都跳不出他们两人的范围。王氏父子所著的《经传释词》，可算得清代训诂学家所著的最有统系的书，故我举的例也是从这部书里来的。古人注书最讲不通的，就是古书里所用的"虚字"。"虚字"在文法上的作用最大，最重要。古人没有文法学上的名词，一切统称为"虚字"（语词，语助词等等），已经是很大的缺点了。不料有一些学者竟把这些"虚字"当做"实字"用，如"言"字在《诗经》里常作"而"字或"乃"字解，都是虚字，被毛公、郑玄等解作代名词的"我"字，便更讲不通了。王氏的《经传释词》全用归纳的方法，举出无数的例，分类排比起来，看出相同的性质，然后下一个断案，定它们的文法作用。我要举的例是用在句中或句首的"焉"字。

"焉"字用在句尾，是很平常的用法。例如"殆有甚焉"，"必有事焉"，都作"于此"解，那是很容易的。但是"焉"字又常常用在一句的中间或一句的起首，他的功用等于"于是"，"乃"，"则"一类的状词，大概是表时间的关系，有时还带着一点因果的关系。王氏举的例如下：

（1）《礼记·月令》，"命舟牧覆舟，五覆五反，乃告舟备具于天子，天子焉（于是）始乘舟"。

（2）《晋语》，"尽逐群公子，乃立奚齐，焉（于是）始为令于国"。

（3）《墨子·鲁问》，"公输子自鲁南游楚，焉（于是）始为舟战之器"。

（4）《山海经·大荒西经》，"夏后开焉（于是）始得歌九招"。

（5）《祭法》，"坛墠有祷，焉（则）祭之；无祷乃止"。

（6）《三年问》，"故先王焉（乃）为之立中制节"。

（7）又，"焉使倍之，故再期也"。

（8）《大戴礼·王言》篇，"七教修，焉（乃）可以守；三至行，焉（乃）可以征"。

（9）《曾子·制言》篇，"有知，焉（乃）谓之友；无知，焉谓之主"。

（10）《齐语》，"乡有良人，焉（乃）以为军令"。

（11）《吴语》，"吾道路悠远，必无有二命，焉（乃）可以济事"。

（12）《老子》，"信不足，焉（于是）有不信"。

（13）《管子·幼官》篇，"胜无非义者，焉（乃）可以为大胜"。

（14）又《揆度》篇，"民财足则君赋敛焉（乃）不穷"。

（15）《墨子·亲士》篇，"焉（乃）可以长生保国"。

（16）又《兼爱》，"必知乱之所自起，焉（乃）能治之"。

（17）又《非攻》，"汤焉（乃）敢奉率其众以乡有夏之境"。

（18）《庄子·则阳》篇，"君为政，焉（乃）勿卤莽；治民，焉（乃）勿灭裂"。

（19）《荀子·议兵》篇，"若赴水火，入焉（则）焦没耳"。

（20）又，"凡人之动也，为赏庆为之，则见害伤焉（乃）止矣"。

（21）《离骚》，"驰椒丘且焉（于是）止息"。

（22）《九章》，"焉（于是）洋洋而为客"，"焉（于是）舒情而抽信兮"。

（23）《九辩》，"国有骥而不知乘兮，焉（乃）皇皇而更索"。

（24）《招魂》，"巫阳焉（乃）下招曰"。

（25）《远游》，"焉（乃）逝以徘徊"。

（26）僖十五年《左传》，"晋于是乎作爰田，晋于是乎作州兵"。《晋语》作"焉作辕田，焉作州兵"。是"焉"与"于是"同义。

（27）《荀子·礼论》篇，"三者偏亡，焉无安人"。《史记·礼书》用此文，焉作则。《老子》，"故贵以身为天下，则可寄天下"。《淮南·道应训》引此，则作焉。是"焉"与"则"同义。

这种方法，先搜集许多同类的例，比较参看，寻出一个大通则来，完全是归纳的方法。但是以我自己的经验看起来，这种方法实行的时候，决不能等到把这些同类的例都收集齐了，然后下一个大断案。当我们寻得几条少数同类的例时，我们心里已起了一种假设的通则。有了这个假设的通则，若再遇着同类的例，便把已有的假设去解释它们，看它能否把所有同类的例都解释得满意。这就是演绎的方法了。演绎的结果，若能充分满意，那个假设的通则便成了一条已证实的定理。这样的办法，由几个（有时只须一两个）同类的例引起一个假设，再求一些同类的例去证明那个假设是否真能成立，这是科学家常用的方法。假设的用处就是能使归纳法实用时格外经济，格外省力。凡是科学上能有所发明的人，一定是富于假设的能力的人。宋儒的格物方法所以没有效果，都因为宋儒既想格物，又想"不役其知"。不役其知就是不用假设，完全用一种被动的态度。那样的用法，决不能有科学的发明。因为不能提出假设的人，严格说来，竟可说是不能使用归纳方法。为什么呢？因为归纳的方法并不是教人观察"凡天下之物"，并不是教人观察乱七八糟的个体事物；归纳法的真义在于教人"举例"，在于使人于乱七八糟的事物里面寻出一些"类似的事物"。当他"举例"时，心里必已有了一种假设。如钱大昕举冲、中、陟、直、赵、竺……字时，他先已有了一种"类"的观念，先有了一种假设。不然，他为什么不举别的整千整万的字呢？又如王氏讲"焉"字的例，他若先没有一点假设，为什么单排出这些句中和句首的"焉"字呢？汉学家的长处就在他们有假设通则的能力。因为有假设的能力，又能处处求证据来证实假设的是非，所以汉学家的训诂学有科学的价值。道光年间有个方东树做了一部《汉学商兑》，极力攻击汉学家，但他对于高邮王氏的《经义述闻》，也不能不佩服，不能不说"实足令郑、朱俯首。汉、唐以来，未有其比"。这可见汉学家的方法精密，就是宋学的死党也不能不心服了。

7

我在上文已举了音韵学和训诂学的例，我现在再举清代校勘学作例。古书被后人抄写刻印，很难免去错抄错刻的弊病。譬如我做了一篇一百字的文章，写好之后，我自己校看一遍，没有错字。这个原稿可叫做"甲"。我的书记重抄一篇，送登《北京大学月刊》。因为"甲"是用草字写的，抄本"乙"误认了一个字，遂抄错了一个字。这篇"乙"稿拿去排印，商务印书馆的排工又排错了一字，这个印本，可叫做"丙"。这三个本子的"可靠性"有如下的比例：

甲本，100；乙本，99；丙本，97.02。

这一个本子，只经过三手，已比原本减少2.98的可靠性了。何况古代的著作，经过了一两千年的传抄翻印，哪能保得住没有错误呢。校勘学的发生，只是要救正这种"日读误书"的危险。但是这种校勘的工夫，初看似乎很容易，其实真不容易。譬如上文说的"丙"本，只须寻着我的"甲"本，细细校对一遍，就可校正了。但是这种容易的校勘是不常有的。有些古书并没有原本可用来校对，所有的古本，无论怎样古，终究是抄本。有时一部书只有一个传本，并无第二本。校书的人既不可随意乱改古书，又不可穿凿附会，勉强解说（说详本篇第四章），自不能不用精密的方法，正确的证据，方才能使人心服。清代的校勘学所以能使人心服，正为他用的是科学的方法。

校勘学的方法可分两层说。第一是根据,第二是评判,根据是校勘时用来作比较参考的底本。根据大约有五种:(1)根据最古的本子。例如阮元的《论语注疏校勘记》引据的本子是:《汉石经残字》、《唐石经》、《宋石经》、皇侃《义疏》、"高丽本"(据陈鳣《论语古训》引的)、"十行本"(宋刻的,元明修补的)、"闽本"(明嘉靖时刊)、"北监本"(明万历时刊)、"毛本"(明崇祯时刊),共计九种古本。(2)根据古书里引用本书的文句。例如《群书治要》《太平御览》等书引了许多古书,可以用作参考。又如阮元校勘《论语》"君子耻其言而过其行"一句,先说:"皇本,高丽本,而作之;行下有也。"这是前一种的根据。阮元又说:"按《潜夫论·交际篇》,孔子疾夫言之过其行者,亦作之字。"这是第二种根据。又如《荀子·天论》,"内外无别,男女淫乱,则父子相疑,上下乖离",这四项是平等的,不当夹一个"则"字。《韩诗外传》有这一段,没有"则"字;《群书治要》引的,也没有"则"字。故王念孙根据这两书,说"则"字是衍文。(3)根据本书通行的体例。最明显的例是《墨子·小取》篇:"辟也者,举也物而以明之也。"第二个"也"字,初看似乎无意思,故毕沅校《墨子》,便删了这个字。王念孙后来发现"《墨子》书通以也为他"一条通例,故说这个"也"字也是"他"字:"举他物以明此物谓之譬",这就明白了。他的儿子王引之又用这条通例来校《小取》篇"无也故焉"的"也"字也是"他"字;又"无故也焉"一句也应该改正为"无也故焉",那"也"字也是"他"字。后来我校《小取》篇,"是犹谓也者同也,吾岂谓也者异也"两句,也用这条通例来把第一和第三个"也"字都读作"他"字。(4)根据古注和古校本。古校本最重要的莫如陆德明的《经典释文》。古注自汉以来多极了,不能遍举。我且举两个应用的例。《易·系辞传》,"拟之而后言,议之而后动",议字实在讲不通。《释文》云,"陆姚、桓元、荀柔之作仪"。"仪"字作效法解,与"拟"字并列,便讲得通了。《系辞》又有"几者,动之微,吉之先见者也"。我不懂得此处何故单说"吉",不说"吉凶"。后来我读孔颖达《正义》说"诸本或有凶字者,其定本则无也",方才知道唐初的人还见过有"凶"字的本子,可据此校改。后来我读《汉书·楚元王传》,"穆生曰,《易》称知几其神乎;几者,动之微,吉凶之先见者也"。此又可证我的前说。(5)根据古韵。我引王念孙《读书杂志》一段作例:

《淮南子·原道训》,"是故无所私而无所公,靡滥振荡,与天地鸿洞;无所左而无所右,蟠委错紾,与万物始终"。案始终当做终始(上文云,"水流而不止,与万物终始")。公洞为韵。右始为韵(右古读若"以",说见《唐韵正》)。若作始终,则失其韵矣。《俶真训》,"若夫真人,则动溶于至虚,而游于灭亡之野,骑蜚廉而从敦圄,驰于外方(外方据道藏本;各本作方外),休乎宇内,烛十日而使风雨,臣雷公，役夸父，妾宓妃，妻织女"。案"宇内"当为"内宇"（内宇犹宇内也，若林中谓之中林，谷中谓之中谷矣）。内宇与外方相对为文。宇与野、圄、雨、父、女为韵（野古读若"墅"，说见《唐韵正》），若作"宇内"则失其韵矣。

《说林》篇，"无乡之社，易为黍肉；无国之稷，易为求福"。案"黍肉"当做"肉黍"。后人以肉与福韵相协，故改为"黍肉"。不知福字古读若逼，不与肉为韵也。社黍为韵（社古读若墅。《说文》，社从示，上声。《甘誓》，"不用命戮于社"，与祖为韵。《郊特牲》，"而君亲誓社"，与赋、旅、伍为韵。《左传》闵二年，成季将生卜辞，"闲于两社"，与辅为韵。《管子·揆度》篇，"杀其身以衅其社"，与鼓、父为韵），稷福为韵。若作黍肉，则失其韵矣。

以上五项是校勘学的根据。但是这几种根据都有容易致误的危险。先说古本。我们所有的"古本"，已不知是经过了多少次口授手写的抄本了，其中难保没有错误。近人最崇拜宋版的书，其实宋版也有好坏，未必都可用作根据。次说古书转引本书的文句，也有两大危险。第一，引书的人未必字字依照原文，往往随意增减字句。第二，初引或不误，后来传抄翻印，难免没有错误。次说本书的通例，也许著书的人偶然变例。次说古注与古校本。古校本往往有许多种不同的，究竟应该从哪一个校本？古注本也有被后人妄改了的。例如《老子》二十三章,"信不足焉,有不信焉"。这句本当做"信不足,焉有不信"(看上文第六节)。故王弼注云,"忠信不足于下,焉有不信也"(此据《永乐大典》本)。但今本王注改作"忠信不足于下焉,有不信焉",这便不成话了。最后说古韵的根据,有时也容易致误。我且引一条最可注意的例:

《易经·剥·象传》:"君子得舆,民所载也;小人剥庐,终不可用也。"又《丰·象传》:"丰其沛,不可大事也;折其右肱,终不可用也。"这两条的韵很不容易说明。顾炎武作《易音》,竟不懂"用"何以能与"载""事"为韵。杨宾实说,两"用"字皆"害"字之误。卢文弨赞成此说,说:"害在十四泰,载在十九代,事在七志,古韵皆得相通。古害字作周,故易与用字相混。"

这一说,从表面看去,似乎很圆满了。后来王念孙驳他道:"凡《易》言君子小人者,其事皆相反。君子得舆,小人剥庐,亦取相反之义,……非谓小人不能害君子也。右肱,为人之所用;右肱折,则终不可用,……折肱则害及肱矣,何言终不可害乎?今案'用'读为'以'。《仓颉》篇,'用,以也'。用与以声近而义同,故用可读为以。犹'集'与'就'声近而义同,故集可读为就;'戎'与'汝'声近而义同,故戎可读为汝也。……《剥·象传》以灾、尤、载、用为韵;《丰·象传》以灾、志、事、用为韵,……于古音并属'之'部。……若'害'字则从丰声,丰读若介,于古音属'祭'部,……(在诸经中,与害为韵者)凡发、拔、大、达、败、晰、逝、外、未、说、辖、迈、卫、烈、月、揭、竭、世、艾、岁等字，皆属'祭'部。遍考群经、《楚辞》，未有与'之'部之灾、尤、载、志、事等字同用者。至于《老》《庄》诸子，无不皆然。是害与灾、尤、载、志、事五字，一属'祭'部，一属'之'部，两部绝不相通。"（《经义述闻》卷二）

因为这些根据都容易弄错，故校勘学不能全靠根据。校勘学的重要工夫在于"评判"。校勘两字都是法律的名词，都含有审判的意思；英文"Textual Criticism"译言"本子的评判"。我们顾名思义，可知校勘学决不单靠本子或他种的根据，可知校勘重在细心的判断。上文王念孙校一个"用"字，便是评判的工夫。段玉裁有《与诸同志书论校书之难》一篇，说这个道理最明白：

> 校书之难，非照本改字，不讹不漏之难也，定其是非之难。是非有二：曰底本之是非，曰立说之是非。必先定其底本之是非，而后可断其立说之是非。二者不分，缪戾如治丝而棼，如算之淆乱其法质，而瞀乱乃至不可理。
>
> 何谓底本？著书者之稿本是也。何谓立说？著书者所言之义理是也。
>
> 《周礼·轮人》："望而视其轮，欲其幪尔而下迆也。"自《唐石经》以下各本皆作"下迆"。唐贾氏作"不迆"。故《疏》

曰："不迤者，谓辐上至毂，两两相当，正直不旁迤，故曰不迤也。"文理甚明。今各本疏文皆作"下迤"（"下迤者，谓辐上至毂，两两相当，正直不旁迤，故曰下迤也"），其语绝无文理，则非贾文之底本矣。此由宋人以《疏》合经《注》者，改《疏》之"不"字合经之"下"字，所仍之经非贾氏之经本也。然则经本有二，"下"者是欤？"不"者是欤？

曰，"下"者是也。"望而视其轮"，谓视其已成轮之牙。轮圜甚，牙皆向下迤邪，非谓辐与毂正直两两相当也。经下文，"县之以视其辐之直"，自谓辐。"规之以视其圜"自谓圜。轮之圜在牙。上文"毂、辐、牙为三材"，此言轮、辐、毂。轮即牙也。然则《唐石经》及各本经作"下"，是；贾氏本作"不"，非也。而义理之是非得矣。倘有浅人校《疏》文"下迤"之误，改为"不迤"，因以疏文之"不迤"，改经文之"下迤"，则贾疏之底本得矣，而于义理乃大乖也。（段氏共引五例，今略。……）

故校经之法，必以贾还贾，以孔还孔，以陆还陆，以杜还杜，以郑还郑，各得其底本，而后判其义理之是非，而后经之底本可定，而后经之义理可以徐定。不先正《注》《疏》《释文》之底本，则多诬古人；不断其立说之是非，则多误今人。……（《经韵楼集》）

我们看了这种校勘学方法论,不能不佩服清代汉学家的科学精神。浅学的人只觉得汉学家斤斤的争辩一字两字的校勘,以为"支离破碎",毫无趣味。其实汉学家的功夫,无论如何琐碎,却有一点不琐碎的元素,就是那一点科学的精神。

凡成一种科学的学问,必有一个系统,决不是一些零碎堆砌的知识。音韵学自从顾炎武、江永、戴震、钱大昕、段玉裁、王念孙直到章炳麟、黄侃研究古音的分部、声音的通转,不但分析更细密了,并且系统条理也更清楚明白了。训诂学用文字假借,声类通转,文法条例三项作中心,也自成系统。校勘学的头绪纷繁,很不容易寻出一些通则来。但清代的校勘学却真有条理系统,做成一种科学。我们试看王念孙《读〈淮南子〉杂志》的"后序",说他订正《淮南子》共九百余条,推求"致误之由",可得六十四条通则。这一篇一万二千字的空前长序(《读书杂志》九之二十二)真可算是校勘学的科学方法论。又如俞樾的《古书疑义举例》的五、六、七,三卷也提出许多校勘学的通则,也可算是校勘学的方法论。

8

我想上文举的例很可以使读者懂得清代学者的治学方法了。他们用的方法,总括起来,只是两点:(1)大胆的假设,(2)小心的求证。假设不大胆，不能有新发明。证据不充足，不能使人信仰。上文举的许多例，大概多偏重求证的一方面。我现在且引清学的宗师戴震论《尚书·尧典》"光被四表"的光字的历史作为最后的一条例，作为我这一篇方法论的总结束。

《尧典》"光被四表，格于上下"。蔡沈解"光"为"显"，这是最普通的解法。但是孔安国《传》说，"光，充也"。光字作显解，何等近情近理。为什么古人偏要解作"充"字呢？岂不是舍近而求远吗？但是戴震说：

> 《孔传》，"光，充也"。陆德明《释文》无音切。孔冲远《正义》曰，"光，充，《释言》文"。据郭本《尔雅》，"桄，颎，充也"，注曰，"皆充盛也"。《释文》曰，"桄，孙作光，古黄反"。用是言之，光之为充，《尔雅》具其义。……虽《孔传》出魏、晋间人手，以仆观此字，据依《尔雅》，又密合古人属词之法，非魏、晋间人所能，必袭取师师相传旧解，见其奇古有据，遂不敢易尔。后人不用《尔雅》及古注，殆笑《尔雅》迂远，古注胶滞，如光之训充，兹类实繁。余独以谓病在后人不能遍观尽识，轻疑前古，不知而作也。

戴震是不信伪《孔传》的人，但他却要为"光，充也"一句很不近情理的话作辩护士。我们且看他的说法：

> 《尔雅》桄字,六经不见。《说文》,"桄,充也"。孙愐《唐韵》,"古旷反"。《乐记》,"钟声铿铿以立号,号以立横,横以立武"。郑康成注曰,"横,充也。谓气作充满也"。《释文》曰,"横,古旷反"。《孔子闲居》篇,"夫民之父母乎,必达于礼乐之原,以致五至而行三无,以横于天下"。郑注曰,"横,充也"。疏家不知其义出《尔雅》。《尧典》古本必有作"横被四表"者。横被,广被也。正如《记》所云,"横于天下","横于四海",是也。横四表,格上下,对举。……横转写为桄,脱误为光。追原古初,当读"古旷反",庶合充霸广远之义。

这真是大胆的假设。他见郭本《尔雅》的桄字在孙本作光,又见《说文》有"桄,充也"的话,又见《唐韵》读桄为古旷反,而《礼记》的横字即训为充,又读古旷反——他看了这些事实,忽然看出它们的关系来,遂大胆下一个假设,说《尧典》的光字就是桄字,也就是横字。但是《尚书》的各本明明都作"光"字。戴震于是更大胆地提出一个很近于武断的假设,说"《尧典》古本必有作横被四表者"。这话是乾隆乙亥年(1755)《与王内翰凤喈书》里说的。过了两年(1757)钱大昕和姚鼐各替他寻着一个证据:

证一:《后汉书·冯异传》有"横被四表,昭假上下"。

证二:班固《西都赋》有"横被六合"。

过了七年多(1762),戴震的族弟受堂又替他寻着两个证据:

证三：《汉书·王莽传》，"昔唐尧横被四表"。

证四：王褒《圣主得贤臣颂》，"化溢四表，横被无穷"。

过了许多年，他的弟子洪榜又寻得一证：

证五：《淮南·原道训》，"横四维而含阴阳"。高诱注，"横读桄车之桄"。是汉人横桄通用，甚明。

证六：李善注《魏都赋》，引《东京赋》"惠风横被"。今本《东京赋》作"惠风广被"，后人妄改也。

这一个字的考据的故事，很可以表示清代学者做学问的真精神。假使这个光字的古本作横已无法证实了，难道戴震就不敢下那个假设了吗？我可以断定他仍是要提出这个假设的。如果一个假设是站在很充分的理由上面的，即使没有旁证，也不失为一个很好的假设。但他终究只是一个假设，不能成为真理。后来有了充分的旁证，这个假设便升上去变成一个真理了。

戴震自己论这个字的考据道：

> 述古之难，如此类者，遽数之不能终其物。六书废弃，经学荒谬，二千年以至今。……仆情僻识狭，以谓信古而愚，愈于不知而作。但宜推求，勿为株守。例以光之一字，疑古者在兹，信古者亦在兹。

"但宜推求，勿为株守"八个字是清学的真精神。

（附记）此篇第一至第六章是民国八年八月作的；第七章是九年春间作的；第八章是十年十一月作的。相隔日久，中间定有不贯串之处。将来有暇时，当细细修正。

十，十一，三

（原载 1919 年 11 月、1920 年 9 月、1921 年 4 月《北京大学月刊》第 5、7、9 期。原题《清代汉学家的科学方法》。收入《胡适文存》时作者作了修改）

一个最低限度的国学书目

序　言

这个书目是我答应清华学校胡君敦元等四个人拟的。他们都是将要往外国留学的少年，很想在短时期中得着国故学的常识。所以我拟这个书目的时候，并不为国学有根柢的人设想，只为普遍青年人想得一点系统的国学知识的人设想。这是我要声明的第一点。

这虽是一个书目，却也是一个法门。这个法门可以叫做"历史的国学研究法"。这四五年来，我不知收到多少青年朋友询问"治国学有何门径"的信。我起初也学着老前辈们的派头，劝人从"小学"入手，劝人先通音韵训诂。我近来忏悔了！那种话是为专家说的，不是为初学人说的；是学者装门面的话，不是教育家引人入胜的法子。音韵训诂之学自身还不曾整理出个头绪系统来，如何可作初学人的入手功夫？十几年的经验使我不能不承认音韵训诂之学只可以作"学者"的工具，而不是"初学"的门径。老实说来，国学在今日还没有门径可说；那些国学有成绩的人大都是下死功夫笨干出来的。死功夫固是重要，但究竟不是初学的门径。对初学人说法，须先引起他的真兴趣，他然后肯下死功夫。在这个没有门径的时候，我曾想出一个下手方法来：就是用历史的线索做我们的天然系统，用这个天然继续演进的顺序做我们治国学的历程。这个书目便是依着这个观念做的。这个书目的顺序便是下手的法门。这是我要声明的第二点。

这个书目不单是为私人用的，还可以供一切中小学校图书馆及地方公共图书馆之用。所以每部书之下，如有最易得的版本，皆为注出。

（一）工具之部

《书目举要》（周贞亮，李之鼎） 南城宜秋馆本。这是书目的书目。

《书目答问》（张之洞） 刻本甚多，近上海朝记书庄有石印"增辑本"最易得。

《四库全书总目提要》，附存目录 广东图书馆刻本，又点石斋石印本最方便。

《汇刻书目》（顾修） 顾氏原本已不适用，当用朱氏增订本，或上海、北京书店翻印本，北京有益堂翻本最廉。

《续汇刻书目》（罗振玉） 双鱼堂刻本。

《史姓韵编》(汪辉祖) 刻本稍贵,石印本有两种。此为"廿四史"的人名索引,最不可少。

《中国人名大辞典》 商务印书馆。

《历代名人年谱》(吴荣光) 北京晋华书局新印本。

《世界大事年表》(傅运森) 商务印书馆。

《历代地理韵编》,《清代舆地韵编》(李兆洛) 广东图书馆本,又坊刻《李氏五种》本。

《历代纪元编》(六承加)《李氏五种》本。

《经籍纂诂》(阮元等) 点石斋石印本可用。读古书者,于寻常字典外,应备此书。

《经传释词》(王引之) 通行本。

《佛学大辞典》(丁福保等译编) 上海医学书局。

(二)思想史之部

《中国哲学史大纲》上卷(胡适) 商务印书馆。

二十二子:

《老子》 《庄子》 《管子》 《列子》

《墨子》 《荀子》 《尸子》 《孙子》

《孔子集语》《晏子春秋》《吕氏春秋》《贾谊新书》

《春秋繁露》《扬子法言》《文子缵义》《黄帝内经》

《竹书纪年》《商君书》《韩非子》《淮南子》

《文中子》 《山海经》

浙江公立图书馆（即浙江书局）刻本。上海有铅印本亦尚可用。汇刻子书，以此部为最佳。

《四书》（《论语》，《大学》，《中庸》，《孟子》） 最好先看白文，或用朱熹集注本。

《墨子间诂》（孙诒让） 原刻本，商务印书馆影印本。

《庄子集释》（郭庆藩） 原刻本，石印本。

《荀子集注》（王先谦） 原刻本，石印本。

《淮南鸿烈集解》（刘文典） 商务印书馆出版。

《春秋繁露义证》（苏舆） 原刻本。

《周礼》 通行本。

《论衡》（王充） 通津草堂本（商务印书馆影印），湖北崇文书局本。

《抱朴子》（葛洪） 平津馆丛书本最佳，亦有单行的；湖北崇文书局本。

《四十二章经》 金陵刻经处本。以下略举佛教书。

《佛遗教经》 同上。

《异部宗轮论述记》（窥基） 江西刻经处本。

《大方广佛华严经》（东晋译本） 金陵刻经处本。

《妙法莲华经》（鸠摩罗什译） 同上。

《般若纲要》（葛彗）《大般若经》太繁，看此书很够了。扬州藏经院本。

《般若波罗蜜多心经》（玄奘译）

《金刚般若波罗蜜经》（鸠摩罗什译，菩提流支译，真谛译）以上两书，流通本最多。

《阿弥陀经》（鸠摩罗什译） 此书译本与版本皆极多，金陵刻经处有《阿弥陀经要解》（智旭）最便。

《大方广圆觉了义经》（即《圆觉经》）（佛陀多罗译） 金陵刻经处白文本最好。

《十二门论》（鸠摩罗什译） 金陵刻经处本。

《中论》（同上） 扬州藏经院本。

以上两种，为三论宗"三论"之二。

《三论玄义》（隋吉藏撰） 金陵刻经处本。

《大乘起信论》（伪书） 此虽是伪书，然影响甚大。版本甚多，金陵刻经处有沙门真界纂注本颇便用。

《大乘起信论考证》（梁启超） 此书绍介日本学者考订佛书真伪的方法，甚有益。商务印书馆将出版。

《小止观》（一名《童蒙止观》，智颛撰） 天台宗之书不易读，此书最便初学。金陵刻经处本。

《相宗八要直解》（智旭直解） 金陵刻经处本。

《因明入正理论疏》（窥基疏） 金陵刻经处本。

《大慈恩寺三藏法师传》（慧立撰） 玄奘为中国佛教史上第一伟大人物，此传为中国传记文学之大名著。常州天宁寺本。

《华严原人论》（宗密撰） 有正书局有合解本，价最廉。

《坛经》（法海录） 流通本甚多。

《古尊宿语录》 此为禅宗极重要之书，坊间现尚无单行刻本。《大藏经》缩刷本腾字四至六。

《弘明集》（梁僧祐集） 此书可考见佛教在晋、宋、齐、梁士大夫间的情形。金陵刻经处本。

《韩昌黎集》（韩愈） 坊间流通本甚多。

《李文公集》（李翱）《三唐人集》本。

《柳河东集》（柳宗元） 通行本。

《宋元学案》（黄宗羲，全祖望等） 冯云濠刻本，何绍基刻本，光绪五年长沙重刊本。坊间石印本不佳。

《明儒学案》（黄宗羲） 莫晋刻本最佳。坊间通行有江西本，不佳。

以上两书，保存原料不少，为宋、明哲学最重要又最方便之书。此下所列，乃是补充这两书之缺陷，或是提出几部不可不备的专家集子。

《直讲李先生集》（李觏） 商务印书馆印本。

《王临川集》（王安石） 通行本，商务印书馆影印本。

《二程全书》（程颢，程颐） 六安涂氏刻本。

《朱子全书》（朱熹） 六安涂氏刻本，商务印书馆影印本。

《朱子年谱》（王懋竑） 广东图书馆本，湖北局本。此书为研究朱子最不可少之书。

《陆象山全集》（陆九渊） 上海江左书林铅印本很可用。

《陈龙川全集》（陈亮） 通行本。

《叶水心全集》（叶适） 通行本。

《王文成公全书》（王守仁） 浙江图书馆本。

《困知记》（罗钦顺） 嘉庆四年翻明刻本，正谊堂本。

《王心斋先生全集》（王艮） 近年东台袁氏编订排印本最好，上海国学保存会寄售。

《罗文恭公全集》（罗洪先） 雍正间刻本，《四库全书》本与此本同。

《胡子衡齐》（胡直） 此书为明代哲学中一部最有条理又最有精彩之书。《豫章丛书》本。

《高子遗书》（高攀龙） 无锡刻本。

《学蔀通辨》（陈建） 正谊堂本。

《正谊堂全书》（张伯行编） 这部丛书搜集程朱一系的书最多，欲研究"正统派"的哲学的，应备一部。全书六百七十余卷，价约三十元。初刻本已不可得，现行者为同治间补刻本。

《清代学术概论》（梁启超） 商务印书馆。

《日知录》（顾炎武） 用黄汝成《集释》本，通行本。

《明夷待访录》（黄宗羲） 单行本，扫叶山房《梨洲遗著汇刊》本。

《张子正蒙注》（王夫之）《船山遗书》本。

《思问录内外篇》（王夫之） 同上。

《俟解》一卷，《噩梦》一卷（王夫之） 同上。

《颜李遗书》（颜元，李塨）《畿辅丛书》本可用。北京四存学会增补全书本。

《费氏遗书》（费密） 成都唐氏刻本，北京大学出版部寄售。

《孟子字义疏证》（戴震）《戴氏遗书》本。国学保存会有铅印本，但已卖缺了。

《章氏遗书》（章学诚） 浙江图书馆排印本，上海刘翰怡新刻全书本。

《章实斋年谱》（胡适） 商务印书馆出版。

《崔东壁遗书》（崔述） 道光四年陈履和刻本；《畿辅丛书》本只有《考信录》，亦可够用了。全书现由亚东图书馆重印，不久可出版。

《汉学商兑》（方东树） 此书无甚价值，但可考见当日汉宋学之争。单行本，朱氏《槐庐丛书》本。

《汉学师承记》（江藩） 通行本，附《宋学师承记》。

《新学伪经考》（康有为） 光绪辛卯初印本，新刻本只增一序。

《史记探源》（崔适） 初刻本，北京大学出版部排印本。

《章氏丛书》(章炳麟) 康宝忠等排印本,浙江图书馆刻本。

(三)文学史之部

《诗经集传》(朱熹) 通行本。

《诗经通论》(姚际恒) 闻商务印书馆将重印。

《诗本谊》(龚橙) 浙江图书馆《半厂丛书》本。

《诗经原始》(方玉润) 闻商务印书馆不久将有重印本。

《诗毛氏传疏》(陈奂)《清经解续编》卷七百七十八以下。

《檀弓》,《礼记》 第二篇。

《春秋左氏传》 通行本。

《战国策》 商务印书馆有铅印补注本。

《楚辞集注》,附《辨证后语》(朱熹) 通行本,扫叶山房有石印本。

《全上古三代秦汉三国六朝文》(严可均编) 广雅局本。此书搜集最富,远胜于张溥的《汉魏六朝百三家集》。

《全汉三国晋南北朝诗》(丁福保编) 上海医学书局出版。

《古文苑》(章樵注) 江苏书局本。

《续古文苑》(孙星衍编) 江苏书局本。

《文选》(萧统编) 上海会文堂有石印胡刻李善注本最方便。

《文心雕龙》(刘勰) 原刻本,通行本。

《乐府诗集》（郭茂倩编） 湖北书局刻本。

《唐文粹》（姚铉编） 江苏书局本。

《唐文粹补遗》（郭麟编） 同上。

《全唐诗》（康熙朝编） 扬州原刻本，广州本，石印本，五代词亦在此中。

《宋文鉴》（吕祖谦编） 江苏书局本。

《南宋文范》（庄仲方编） 同上。

《南宋文录》（董兆熊编） 同上。

《宋诗抄》（吕留良、吴之振等编） 商务印书馆本。

《宋诗抄补》（管庭芬等编） 商务印书馆本。

《宋六十家词》（毛晋编） 汲古阁本，广州刊本，上海博古斋石印本。

《四印斋王氏所刻宋元人词》（王鹏运编刻） 原刻本，板存北京南阳山房。

《彊邨所刻词》（朱祖谋编刻） 原刻本。王、朱两位刻的词集都很精，这是近人对于文学史料上的大贡献。

《太平乐府》（杨朝英编）《四部丛刊》本。

《阳春白雪》（杨朝英编） 南陵徐氏《随庵丛书》本。
以上两种为金元人曲子的选本。

《董解元弦索西厢》（董解元） 刘世珩、暖红室汇刻传奇本。

《元曲选一百种》（臧晋叔编） 商务印书馆有影印本。

《金文最》（张金吾编） 江苏书局本。

《元文类》（苏天爵编） 同上。

《宋元戏曲史》（王国维） 商务印书馆本。

《京本通俗小说》 这是七种南宋的话本小说，上海蟫隐庐《烟画东堂小品》本。

《宣和遗事》《士礼居丛书》本，商务印书馆有排印本。

《五代史平话》残本　董康刻本。

《明文在》（薛熙编） 江苏书局本。

《列朝诗集》（钱谦益编） 国学保存会排印本。

《明诗综》（朱彝尊编） 原刻本。

《六十种曲》（毛晋编刻） 汲古阁本。此书善本已不易得。

《盛明杂剧》（沈泰编） 董康刻本。

《暖红室汇刻传奇》（刘世珩编刻） 原刻本。

《笠翁十二种曲》（李渔） 原刻巾箱本。

《九种曲》（蒋士铨） 原刻本。

《桃花扇》（孔尚任） 通行本。

《长生殿》（洪昇） 通行本。

清代戏曲多不胜举，故举李、蒋两集，孔、洪两种历史戏，作几个例而已。

《曲苑》 上海古书流通处（？）编印本。此书汇集关于戏曲的书十四种，中如焦循《剧说》，如梁辰鱼《江东白苎》，皆不易得。石印本价亦廉，故存之。

《缀白裘》　这是一部传奇选本，虽多是零篇，但明末清初的戏曲名著都有代表的部分存在此中。在戏曲总集中，这也是一部重要书了。通行本。

《曲录》（王国维）《晨风阁丛书》本。

《湖海文传》（王昶编）　所选都是清朝极盛时代的文章，最可代表清朝"学者的文人"的文学。原刻本。

《湖海诗传》（王昶编）　原刻本。

《鲒埼亭集》（全祖望）　借树山房本。

《惜抱轩文集》（姚鼐）　通行本。

《大云山房文稿》（恽敬）　四川刻本，南昌刻本。

《文史通义》（章学诚）　贵阳刻本，浙江局本，铅印本。

《龚定盦全集》（龚自珍）　万本书堂刻本，国学扶轮社本。

《曾文正公文集》（曾国藩）《曾文正全集》本。

清代古文专集，不易选择，我经过很久的考虑，选出全、姚、恽、章、龚、曾六家来作例。

《吴梅村诗》（吴伟业）《梅村家藏稿》（董康刻本，商务印书馆影印本）本，无注；此外有靳荣藩《吴诗集览》本，有吴翌凤《梅村诗集笺注》本。

《瓯北诗抄》（赵翼）《瓯北全集》本，单行本。

《两当轩诗抄》（黄景仁）　光绪二年重刻本。

《巢经巢诗抄》（郑珍） 贵州刻本；北京有翻刻本，颇有误字。

《秋蟪吟馆诗抄》（金和） 铅印全本；家刻本略有删减。

《人境庐诗抄》（黄遵宪） 日本铅印本。

清代诗也很难选择。我选梅村代表初期，瓯北与仲则代表乾隆一朝；郑子尹与金亚匏代表道、咸、同三朝；黄公度代表末年的过渡时期。

明、清两朝小说：

《水浒传》 亚东图书馆三版本。

《西游记》（吴承恩） 亚东图书馆再版本。

《三国志》 亚东图书馆本。

《儒林外史》（吴敬梓） 亚东图书馆四版本。

《红楼梦》（曹霑） 亚东图书馆三版本。

《水浒后传》（陈忱，自署古宋遗民） 此书借宋徽、钦二帝事来写明末遗民的感慨，是一部极有意义的小说。亚东图书馆《水浒续集》本。

《镜花缘》（李汝珍） 此书虽有"掉书袋"的毛病，但全篇为女子争平等的待遇，确是一部很难得的书。亚东图书馆本。

以上各种，均有胡适的考证或序，搜集了文学史的材料不少。

《今古奇观》 通行本。可代表明代的短篇。

《三侠五义》 此书后经俞樾修改，改名《七侠五义》。此书可代表北方的义侠小说。旧刻本《七侠五义》流通本较多。亚东图书馆不久将有重印本。

《儿女英雄传》(文康) 蜚英馆石印本最佳,流通本甚多。

《九命奇冤》(吴沃尧) 广智书局铅印本。

《恨海》(吴沃尧) 通行本甚多。

《老残游记》(刘鹗) 商务印书馆铅印本。

以上略举十三种,代表四五百年的小说。

《五十年来的中国文学》(胡适) 本书卷二。

(跋)文学史一部,注重部集:无总集的时代,或总集不能包括的文人,始举别集。因为文集太多,不易收买,尤不易遍览,故为初学人及小图书馆计,皆宜先从总集下手。

(原载1923年2月25日《东方杂志》第20卷第4号,
又载1923年3月4日《读书杂志》第7期)

附录一 《清华周刊》记者来书

适之先生:

在《努力周报》的增刊,《读书杂志》第七期上,我们看见先生为清华同学们拟的一个最低限度的国学书目。我们看完以后,心中便起了若干问题,现在愿说给先生听听,请先生赐教。

第一,我们以为先生这次所说的国学范围太窄了。先生在文中并未下国学的定义，但由先生所拟的书目推测起来，似乎只指中国思想史及文学史而言。思想史与文学史便是代表国学么？先生在《国学季刊》的发刊宣言里，拟了一个中国文化史的系统，其中包括（一）民族史，（二）语言文字史，（三）经济史，（四）政治史，（五）国际交通史，（六）思想学术史，（七）宗教史，（八）文艺史，（九）风俗史，（十）制度史。中国文化史的研究，便是国学研究，这是先生在该宣言里指示我们的。既然如此，为什么先生不在国学书目文学史之部以后，加民族史之部，语言文字史之部，经济史之部……呢？

第二，我们一方面嫌先生所拟的书目范围不广，一方面又以为先生所谈的方面——思想史与文学史——谈得太深了，不合于"最低限度"四字。我们以为定清华学生的国学最低限度，应该顾到两种事实：第一是我们的时间，第二是我们的地位。我们清华学生，从中等科一年起，到大学一年止，求学的时间共八年。八年之内一个普通学生，于他必读的西文课程之外，如肯切实地去研究国学，可以达到一个什么程度，这是第一件应该考虑的。第二，清华学生都有留美的可能。教育家对于一般留学生，要求一个什么样的国学程度，这是第二件应该考虑的。先生现在所拟的书目，我们是无论如何读不完的，因为书目太多，时间太少。而且做留学生的，如没有读过《大方广圆觉了义经》或《元曲选一百种》，当代的教育家，不见得会非难他们，以为未满足国学最低的限度。

因此,我们希望先生替我们另外拟一个书目,一个实在最低的国学书目。那个书目中的书,无论学机械工程的,学应用化学的,学哲学文学的,学政治经济的,都应该念,都应该知道。我们希望读过那书目中所列的书籍以后,对于中国文化,能粗知大略。至于先生在《读书杂志》第七期所列的书目,似乎是为有志专攻哲学或文学的人作参考之用的,我们希望先生将来能继续发表民族史之部,制度史之部等的书目,让有志于该种学科的青年,有一个深造的途径。

敬祝先生康健。

《清华周刊》记者
十二年三月十一日

附录二　答书

记者先生:

关于第一点,我要说,我暂认思想与文学两部为国学最低限度;其余民族史、经济史等等,此时更无从下手,连这样一个门径书目都无法可拟。

第二,关于程度方面和时间方面,我也曾想过,这个书目动机虽是为清华的同学,但我动手之后就不知不觉地放高了,放宽了。我的意思是要用这书目的人,从这书目里自己去选择;有力的,多买些;有时间的,多读些;否则先买二三十部力所能及的,也不妨;以后还可以自己随时添备。若我此时先定一个最狭义的最低限度,那就太没有伸缩的余地了。先生以为是吗?

先生说,"做留学生的,如没有读过《圆觉经》或《元曲选》,当代教育家不见得非难他们"。这一层,倒有讨论的余地。正因为当代教育家不非难留学生的国学程度,所以留学生也太自菲薄,不肯多读点国学书,所以他们在国外既不能代表中国,回国后也没有多大影响。我们这个书目的意思,一部分也正是要一班留学生或候补留学生知道《元曲选》等是应该知道的书。

如果先生们执意要我再拟一个"实在的最低限度的书目",我只好在原书目加上一些圈;那些有圈的,真是不可少的了。此外还应加上一部《九种纪事本末》(铅印本)。

以下是加圈的书:

《书目答问》 《法华经》 《左传》

《中国人名大辞典》 《阿弥陀经》 《文选》

《九种纪事本末》 《坛经》 《乐府诗集》

《中国哲学史大纲》 《宋元学案》 《全唐诗》

《老子》 《明儒学案》 《宋诗抄》

《四书》 《王临川集》 《宋六十家词》

《墨子间诂》　《朱子年谱》　《元曲选一百种》

《荀子集注》　《王文成公全书》　《宋元戏曲史》

《韩非子》　《清代学术概论》　《缀白裘》

《淮南鸿烈集解》　《章实斋年谱》　《水浒传》

《周礼》　《崔东壁遗书》　《西游记》

《论衡》　《新学伪经考》　《儒林外史》

《佛遗教经》　《诗集传》　《红楼梦》

治学的方法与材料

现在有许多人说：治学问全靠有方法；方法最重要，材料却不很重要。有了精密的方法，什么材料都可以有好成绩。粪同溺可以作科学的分析，《西游记》同《封神演义》可以作科学的研究。

这话固然不错。同样的材料，无方法便没有成绩，有方法便有成绩，好方法便有好成绩。例如我家里的电话坏了，我箱子里尽管有大学文凭，架子上尽管有经史百家，也只好束手无法，只好到隔壁人家去借电话，请电话公司派匠人来修理。匠人来了，他并没有高深学问，从没有梦见大学讲堂是什么样子。但他学了修理电话的方法，一动手便知道毛病在何处，再动手便修理好了。我们有博士头衔的人只好站在旁边赞叹感谢。

但我们却不可不知道这上面的说法只有片面的真理。同样的材料，方法不同，成绩也就不同。但同样的方法，用在不同的材料上，成绩也就有绝大的不同。这个道理本很平常，但现在想做学问的青年人似乎不大了解这个极平常而又十分要紧的道理，所以我觉得这个问题有郑重讨论的必要。

科学的方法，说来其实很简单，只不过"尊重事实，尊重证据"。在应用上,科学的方法只不过"大胆的假设,小心的求证"。

在历史上,西洋这三百年的自然科学都是这种方法的成绩;中国这三百年的朴学也都是这种方法的结果。顾炎武、阎若璩的方法,同伽利略、牛顿的方法,是一样的。他们都能把他们的学说建筑在证据之上。戴震、钱大昕的方法,同达尔文(Darwin)、柏司德(Pasteur)的方法,也是一样的:他们都能大胆的假设,小心的求证(参看《胡适文存》初排本卷二,《清代学者的治学方法》,页二〇五——二四六)。

中国这三百年的朴学成立于顾炎武同阎若璩;顾炎武的导师是陈第,阎若璩的先锋是梅鷟。陈第作《毛诗古音考》(1601—1606),注重证据;每个古音有"本证",有"旁证";本证是《毛诗》中的证据,旁证是引别种古书来证《毛诗》。如他考"服"字古音"逼",共举了本证十四条,旁证十条。顾炎武的《诗本音》同《唐韵正》都用同样的方法。《诗本音》于"服"字下举了三十二条证据,《唐韵正》于"服"字下举了一百六十二条证据。

梅鷟是明正德癸酉(1513)举人,著有《古文尚书考异》,处处用证据来证明伪《古文尚书》的娘家。这个方法到了阎若璩的手里,运用更精熟了,搜罗也更丰富了,遂成为《尚书古文疏证》,遂定了伪古文的铁案。有人问阎氏的考证学方法的指要,他回答道:

> 不越乎"以虚证实,以实证虚"而已。

他举孔子适周之年作例。旧说孔子适周共有四种不同的说法:

(1)昭公七年(《水经注》)

(2)昭公二十年(《史记·孔子世家》)

(3)昭公二十四年(《史记索隐》)

(4)定公九年(《庄子》)

阎氏根据《曾子问》里说孔子从老聃助葬恰遇日食一条,用算法推得昭公二十四年夏五月乙未朔日食,故断定孔子适周在此年(《尚书古文疏证》卷八,第一百二十条)。

这都是很精密的科学方法。所以"亭林、百诗之风"造成了三百年的朴学。这三百年的成绩有声韵学、训诂学、校勘学、考证学、金石学、史学,其中最精彩的部分都可以称为"科学的";其间几个最有成绩的人,如钱大昕、戴震、崔述、王念孙、王引之、严可均,都可以称为科学的学者。我们回顾这三百年的中国学术,自然不能不对这班大师表示极大的敬意。

然而从梅鷟的《古文尚书考异》到顾颉刚的《古史辨》,从陈第的《毛诗古音考》到章炳麟的《文始》,方法虽是科学的,材料却始终是文字的。科学的方法居然能使故纸堆里大放光明,然而故纸的材料终究限死了科学的方法,故这三百年的学术也只不过文字的学术,三百年的光明也只不过故纸堆的火焰而已!

我们试回头看看西洋学术的历史。

当梅鹫的《古文尚书考异》成书之日,正哥白尼的天文革命大著出世之时(1543)。当陈第的《毛诗古音考》成书的第三年(1608),荷兰国里有三个磨镜工匠同时发明了望远镜。再过一年(1609),意大利的伽利略也造出了一架望远镜,他逐渐改良,一年之中,他的镜子便成了欧洲最精的望远镜。他用这镜子发现了木星的卫星,太阳的黑子,金星的光态,月球上的山谷。

伽利略的时代,简单的显微镜早已出世了。但望远镜发明之后,复合的显微镜也跟着出来。伽利略死(1642)后二三十年,荷兰有一位磨镜的,名叫李文厚(Leeuwenhoek)[1],天天用他自己做的显微镜看细微的东西。什么东西他都拿来看看,于是他在蒸馏水里发现了微生物,鼻涕里和痰唾里也发现了微生物,阴沟臭水里也发现了微生物,微菌学从此开始了。这个时候(1675)正是顾炎武的《音学五书》成书的时候,阎若璩的《古文尚书疏证》还在著作之中。

从望远镜发现新天象(1609)到显微镜发现微菌(1675),这五六十年之间,欧洲的科学文明的创造者都出来了。试看下表:

---

[1] 今译列文虎克。——编注

中　国	欧　洲
1606 陈第《古音考》。	
1608	荷兰人发明望远镜。
1609	伽利略的望远镜。 解白勒（Kepler）发表他的火星研究，宣布行星运行的两条定律。
1610 黄宗羲生。	
1613 顾炎武生。	
1614	奈皮尔（Napier）的对数表。
1619 王夫之生。	解白勒的行星第三律。
1618—1621	解白勒的《哥白尼天文学要指》。
1623 毛奇龄生。	
1625 费密生。	
1626	培根死。
1628 用西法修新历。	哈维（Harvey）的《血液运行论》。
1630	伽利略的《天文谈话》。解白勒死。
1633	伽利略因天文学受异端审判。
1635 颜元生。	
1636 阎若璩生。	
1637 宋应星的《天工开物》。	笛卡尔（Descartes）的《方法论》，发明解析几何。
1638	伽利略的《科学的两新支》。
1640 徐霞客（宏祖）死。	
1642	伽利略死，牛顿生。

续表

中 国	欧 洲
1644	伽利略的弟子佗里杰利（Torricelli）用水银试验空气压力，发明气压计的原理。
1655 阎若璩开始作《尚书古文疏证》，积三十余年始成书。	
1657 顾炎武注《韵补》。	
1660	英国皇家学会成立。 化学家波耳（Boyle）发表他的气体新试验（波耳氏律）。
1661	波耳的《怀疑的化学师》。
1664 废八股。	
1665	牛顿发明微分学。
1666 顾炎武的《韵补正》成。	牛顿发明白光的成分。
1667 顾炎武的《音学五书》成。	
1669 复八股。	
1670 顾炎武初刻《日知录》八卷。	
1675	李文厚用显微镜发现微生物。
1676 顾炎武《日知录》自序。	
1680 顾炎武《音学五书》后序。	
1687	牛顿的杰作《自然哲学原理》。

我们看了这一段比较年表,便可以知道中国近世学术和西洋近世学术的划分都在这几十年中定局了。在中国方面,除了宋应星的《天工开物》一部奇书之外,都只是一些纸上的学问;从八股到古音的考证固然是一大进步,然而终究还是纸上的功夫。西洋学术在这几十年中便已走上了自然科学的大路了。顾炎武、阎若璩规定了中国三百年的学术的局面;伽利略、解白勒、波耳、牛顿规定了西洋三百年的学术的局面。

他们的方法是相同的,不过他们的材料完全不同。顾氏、阎氏的材料全是文字的,伽利略一班人的材料全是实物的。文字的材料有限,钻来钻去,总不出这故纸堆的范围;故三百年的中国学术的最大成绩不过是两大部《皇清经解》而已。实物的材料无穷,故用望远镜观天象,而至今还有无穷的天体不曾窥见;用显微镜看微菌,而至今还有无数的微菌不曾寻出。但大行星已添了两座,恒星之数已添到十万万以外了!前几天报上说,有人正在积极实验同火星通信了。我们已知道许多病菌,并且已知道预防的方法了。宇宙之大,三百年中已增加了几十万万倍了;平均的人寿也延长了二十年了。

然而我们的学术界还在烂纸堆里翻我们的斤斗。

不但材料规定了学术的范围,材料并且可以大大地影响方法的本身。文字的材料是死的,故考证学只能跟着材料走,虽然不能不搜求材料,却不能捏造材料。从文字的校勘以至历史的考据,都只能尊重证据，却不能创造证据。

自然科学的材料便不限于搜求现成的材料，还可以创造新的证据。实验的方法便是创造证据的方法。平常的水不会分解成氢气和氧气；但我们用人工把水分解成氢气和氧气，以证实水是氢气和氧气合成的。这便是创造不常有的情境，这便是创造新证据。

纸上的材料只能产生考据的方法；考据的方法只是被动的运动材料。自然科学的材料却可以产生实验的方法；实验便不受现成材料的拘束，可以随意创造平常不可得见的情境，逼拶出新结果来。考证家若没有证据，便无从做考证；史家若没有史料，便没有历史。自然科学家便不然。肉眼看不见的，他可以用望远镜，可以用显微镜。生长在野外的，他可以叫它生长在花房里；生长在夏天的，他可以叫它生在冬天。原来在人身上的，他可以移种在兔身上，狗身上。毕生难遇的，他可以叫他天天出现在眼前；太大了的，他可以缩小；整个的，他可以细细分析；复杂的，他可以化为简单；太少了的，他可以用人工培植增加。

故材料的不同可以使方法本身发生很重要的变化。实验的方法也只是大胆的假设，小心的求证；然而因为材料的性质，实验的科学家便不用坐待证据的出现，也不仅仅寻求证据，他可以根据假设的理论，造出种种条件，把证据逼出来。故实验的方法只是可以自由产生材料的考证方法。

伽利略二十多岁时，在本地的高塔上抛下几种重量不同的物件，看它们同时落地，证明了物体下坠的速率并不依重量为比例，打倒了几千年的谬说。这便是用实验的方法去求证据。他又做了一块板，长十二个爱儿（每个爱儿长约四英尺），板上挖一条阔一寸的槽。他把板的一头垫高，用一个铜球在槽里滚下去，他先记球滚到底的时间，次记球滚到全板四分之一的时间。他证明第一个四分之一的速度最慢，需要全板时间的一半。越滚下去，速度越大。距离的相比等于时间的平方的相比。伽利略这个试验共做了几百次，他试过种种不同的距离，种种不同的斜度，然后断定物体下坠的定律。这便是创造材料，创造证据。平常我们所见物体下坠，一瞬便过了，既没有测量的机会，更没有比较种种距离和种种斜度的机会。伽氏的试验便是用人力造出种种可以测量，可以比较的机会。这便是新力学的基础。

哈维研究血的循环，也是用实验的方法。哈维曾说：

> 我学解剖学同教授解剖学，都不是从书本子来的，是从实际解剖来的；不是从哲学家的学说上来的，是从自然界的条理上来的。（他的《血液运行论》自序）

哈维用下等活动物来做实验，观察心房的跳动和血的流行。古人只解剖死动物的动脉，不知死动物的动脉管是空的。哈维试验活动物，故能发现古人所不见的真理。他死后四年（1661），马必吉（Malpighi）用显微镜看见血液运行的真状，哈维的学说遂更无可疑了。

此外如佗里杰利的试验空气的压力，如牛顿的试验白光的七色，都是实验的方法。牛顿在暗室中放进一点日光，使他通过三棱镜，把光放射在墙上。那一圆点的白光忽然变成了五倍大的带子，白光变成了七色：红，橘红，黄，绿，蓝，靛青，紫。他再用一块三棱镜把第一块三棱镜的光收回去，便仍成圆点的白光。他试验了许多回，又想出一个法子，把七色的光射在一块板上，板上有小孔，只许一种颜色的光通过。板后面再用三棱镜把每一色的光线通过，然后测量每一色光的曲折角度。他这样试验的结果始知白光是曲折力不同的七种光复合成的。他的实验遂发明了光的性质，建立了分光学的基础。

以上随手举的几条例子，都是顾炎武、阎若璩同时人的事，已可以表见材料同方法的关系了。考证的方法好有一比，比现今的法官判案，他坐在堂上静听两造的律师把证据都呈上来了，他提起笔来，宣判道：某一造的证据不充足，败诉了；某一造的证据充足，胜诉了。他的职务只在评判现成的证据，他不能跳出现成的证据之外。实验的方法也有一比，比那侦探小说里的福尔摩斯访案：他必须改装微行，出外探险，造出种种机会来，使罪人不能不呈献真凭实据。他可以不动笔，但他不能不动手动脚，去创造那逼出证据的境地与机会。

结果呢？我们的考证学的方法尽管精密，只因为始终不接近实物的材料，只因为始终不曾走上实验的大路上去，所以我们的三百年最高的成绩终不过几部古书的整理，于人生有何益处？于国家的治乱安危有何裨补？虽然做学问的人不应该用太狭义的实利主义来评判学术的价值，然而学问若完全抛弃了功用的标准，便会走上很荒谬的路上去，变成枉费精力的废物。这三百年的考证学固然有一部分可算是有价值的史料整理，但其中绝大的部分却完全是枉费心思。如讲《周易》而推翻王弼，回到汉人的"方士《易》"；讲《诗经》而推翻郑樵、朱熹，回到汉人的荒谬诗说；讲《春秋》而回到两汉陋儒的微言大义，这都是开倒车的学术。

为什么三百年的第一流聪明才智专心致力的结果仍不过是枉费心思的开倒车呢？只因为纸上的材料不但有限，并且在那一个"古"字底下罩着许多浅陋幼稚愚妄的胡说。钻故纸的朋友自己没有学问眼力，却只想寻那"去古未远"的东西，日日"与古为邻"，却不知不觉地成了与鬼为邻，而不自知其浅陋愚妄幼稚了！

那班崇拜两汉陋儒方士的汉学家固不足道。那班最有科学精神的大师——顾炎武、戴震、钱大昕、段玉裁、孔广森、王念孙、王引之等——他们的科学成绩也就有限得很。他们最精的是校勘训诂两种学问，至于他们最用心的声韵之学简直是没有多大成绩可说。如他们费了无数心力去证明古时有"支""脂""之"三部的区别，但他们到如今不能告诉我们这三部究竟有怎样的分别。

如顾炎武找了一百六十二条证据来证明"服"字古音"逼",到底还不值得一个广东乡下人的一笑,因为顾炎武始终不知道"逼"字怎样读法。又如三百年的古音学不能决定古代究竟有无入声;段玉裁说古有入声而去声为后起,孔广森说入声是江左后起之音。二百年来,这个问题似乎没有定论。却不知这个问题不解决,则一切古韵的分部都是将错就错。况且依二百年来"对转""通转"之说,几乎古韵无一部不可通他部。如果部部本都可通,那还有什么韵部可说!

三百年的纸上功夫,成绩不过如此,岂不可叹!纸上的材料本只适宜于校勘训诂一类的纸上工作;稍稍逾越这个范围,便要闹笑话了。

西洋的学者先从自然界的实物下手,造成了科学文明,工业世界,然后用他们的余力,回来整理文字的材料。科学方法是用惯了。实验的习惯也养成了。所以他们的余力便可以有惊人的成绩。在音韵学的方面,一个格林姆(Grimm)便抵得许多钱大昕、孔广森的成绩。他们研究音韵的转变,文字的材料之外,还要实地考察各国各地的方言,和人身发音的器官。由实地的考察,归纳成种种通则,故能成为有系统的科学。近年一位瑞典学者珂罗倔伦(Bernhard Karlgren)[1]费了几年的工夫研究《切韵》,把

---

[1] 即高本汉。——编注

二百六部的古音弄得清清楚楚。林语堂先生说：

> 珂先生是《切韵》专家，对中国音韵学的贡献发明，比中外过去的任何音韵学家还重要。(《语丝》第四卷第廿七期)

珂先生的成绩何以能这样大呢？他有西洋的音韵学原理作工具，又很充分地运用方言的材料，用广东方言作底子，用日本的汉音吴音作参证，所以他几年的成绩便可以推倒顾炎武以来三百年的中国学者的纸上功夫。

我们不可以从这里得一点教训吗？

纸上的学问也不是单靠纸上的材料去研究的。单有精密的方法是不够用的。材料可以限死方法，材料也可以帮助方法。三百年的古韵学抵不得一个外国学者运用活方言的实验。几千年的古史传说禁不起三两个学者的批评指摘。然而河南发现了一地的龟甲兽骨，便可以把古代殷商民族的历史建立在实物的基础之上。一个瑞典学者安特森（J.G. Anderson）发现了几处新石器，便可以把中国史前文化拉长几千年。一个法国教士桑德华（Père Licent）发现了一些旧石器，便又可以把中国史前文化拉长几千年。北京地质调查所的学者在北京附近的周口店发现了一个人齿，经了一个解剖学专家步达生（Davidson Black）的考订，认为远古的原人，这又可以把中国史前文化拉长几万年。向来学者所认为纸上的学问，如今都要跳在故纸堆外去研究了。

所以我们要希望一班有志做学问的青年人及早回头想想。单学得一个方法是不够的；最要紧的关头是你用什么材料。现在一班少年人跟着我们向故纸堆去乱钻，这是最可悲叹的现状。我们希望他们及早回头，多学一点自然科学的知识与技术：那条路是活路，这条故纸的路是死路。三百年的第一流的聪明才智消磨在这故纸堆里，还没有什么好成绩。我们应该换条路走走了。等你们在科学实验室里有了好成绩，然后拿出你们的余力，回来整理我们的国故，那时候，一拳打倒顾亭林，两脚踢翻钱竹汀，有何难哉！

十七年九月

（原载 1928 年 11 月 10 日《新月》第 1 卷第 9 号，又载 1929 年 1 月《小说月报》第 20 卷第 1 期）

评论近人考据《老子》年代的方法

1

近十年来，有好几位我最敬爱的学者很怀疑老子这个人和那部名为《老子》的书的时代。我并不反对这种怀疑的态度；我只盼望怀疑的人能举出充分的证据来，使我们心悦诚服地把老子移后，或把《老子》书移后。但至今日，我还不能承认他们提出了什么充分的证据。冯友兰先生说得最明白：

> 不过我的主要的意思是要指明一点：就是现在所有的以《老子》之书是晚出之诸证据，若只举其一，则皆不免有逻辑上所谓"丐辞"之嫌。但合而观之，则《老子》一书之文体，学说，及各方面之旁证，皆可以说《老子》是晚出，此则必非偶然也。（二十年六月八日《大公报》）

这就是等于一个法官对阶下的被告说：

> 现在所有原告方面举出的诸证据，若逐件分开来看，都"不免有逻辑上所谓'丐辞'之嫌"。但是"合而观之"，这许多证据都说你是有罪的，"此则必非偶然也"。所以本法庭现在判决你是有罪的。

积聚了许多"逻辑上所谓'丐辞'"，居然可以成为定案的证据，这种考据方法，我不能不替老子和《老子》书喊一声"青天大老爷，小的有冤枉上诉！"聚蚊可以成雷，但究竟是蚊不是雷；证人自己已承认的"丐辞"，究竟是"丐辞"，不是证据。

2

我现在先要看看冯友兰先生说的那些"丐辞"是不是"丐辞"。在论理学上，往往有人把尚待证明的结论预先包含在前提之中，只要你承认了那前提，你自然不能不承认那结论了：这种论证叫做丐辞。譬如有人说："灵魂是不灭的，因为灵魂是一种不可分析的简单物质。"这是一种丐辞，因为他还没有证明（1）凡不可分析的简单物质都是不灭的；（2）灵魂确是一种不可分析的简单物质。

又如我的朋友钱玄同先生曾说过："凡过了四十岁的人都该杀。"假如有人来对我说："你今年四十一岁了，你该自杀了。"

这也就成了一种丐辞,因为那人得先证明(1)凡过了四十岁的人在社会上都无益而有害;(2)凡于社会无益而有害的人都该杀。

丐辞只是丐求你先承认那前提;你若接受那丐求的前提,就不能不接受他的结论了。

冯友兰先生提出了三个证据,没有一个不是这样的丐辞。

(一)"孔子以前无私人著述之事",所以《老子》书是孔子以后的作品。

你若承认孔子以前果然无私人著述之事,自然不能不承认《老子》书是晚出的了。但是冯先生应该先证明《老子》确是出于孔子之后,然后可以得"孔子以前无私人著述"的前提。不然,我就可以说:"孔子以前无私人著述,《老子》之书是什么呢?"

(二)"《老子》非问答体,故应在《论语》《孟子》后。"这更是丐辞了。这里所丐求的是我们应该先承认"凡一切非问答体的书都应在《论语》《孟子》之后"一个大前提。《左传》所引的史佚周任《军志》的话,《论语》所引周任的话,是不是问答体呢?《论语》本身的大部分,是不是问答体呢?(《论语》第一篇共十六章,问答只有两章;第四篇共二十六章,问答只有一章;第七篇共三十七章,问答只有七章。其余各篇,也是非问答体居多数。)《周易》与《诗三百篇》似乎也得改在《论语》《孟子》之后了。

(三)"《老子》之文为简明之'经'体,可见其为战国时之作品。"这更是丐辞了。这里所丐求的是我们先得承认"凡一切简明之'经'体都是战国时的作品"一个大前提。至于什么是简明的"经"体，更不容易说了。"道可道，非常道；名可名，非常名"是"经"体。那么，"道之以政，齐之以刑，民免而无耻；道之以德，齐之以礼，有耻且格"，这就不是"简明之经体"了吗？所以这里还有一个丐辞，就是我们还得先承认，"《论语》虽简明而不是'经'体；《左传》所引《军志》周任的话虽简明而也不是'经'体；只有《老子》一类的简明文体是战国时产生的'经'体。"我们能不能承认呢？

3

还有许多所谓证据，在逻辑上看来，他们的地位也和上文所引的几条差不多。我现在把他们总括做几个大组。

第一组是从"思想系统"上，或"思想线索"上，证明《老子》之书不能出于春秋时代，应该移在战国晚期。梁启超、钱穆、顾颉刚诸先生都曾有这种论证。这种方法可以说是我自己"始作俑"的，所以我自己应该负一部分的责任。我现在很诚恳地对我的朋友们说：这个方法是很有危险性的，是不能免除主观的成见的，是一把两面锋的剑可以两边割的。你的成见偏向东，这个方法可以帮助你向东；你的成见偏向西，这个方法可以帮助你向西。如

评论近人考据《老子》年代的方法

果没有严格的自觉的批评,这个方法的使用决不会有证据的价值。

我举一个最明显的例。《论语》里有孔子颂赞"无为而治"的话,最明白无疑的是:

> 无为而治者,其舜也与?夫何为哉?恭己正南面而已矣。(《论语》十五)

这段话大概是梁、钱、顾诸先生和我一致承认可靠的。用这段话作出发点,可以得这样相反的两种结论:

(1)《论语》书中这样推崇"无为而治",可以证明孔子受了老子的影响。——这就是说,老子和《老子》书在孔子之前(胡适《中国哲学史大纲》页七九注)。

(2)顾颉刚先生却得着恰相反的结论:"《论语》的话尽有甚似《老子》的。如《颜渊》篇中季康子的三问(适按,远不如引《卫灵公》篇的"无为而治"一章),这与《老子》上的'以正治国'……'我无为而民自化'……'民之难治,以其上之有为,是以难治'何等相像!……若不是《老子》的作者承袭孔子的见解,就是他们的思想偶然相合。"(《史学年报》第四期,页二八)

同样的用孔子说"无为"和《老子》说"无为"相比较,可以证《老子》在孔子之前,也可以证《老子》的作者在三百年后承袭孔子!所以我说,这种所谓"思想线索"的论证法是一把两面锋的剑，可以两边割的。

钱穆先生的《关于〈老子〉成书年代之一种考察》(《燕京学报》第七期),[1]完全是用这种论证法。我曾指出他的方法的不精密(《清华周刊》卷三七，第九、第十期，页1094—1095)，如他说：

> 以思想发展之进程言，则孔、墨当在前，老、庄当在后。否则老已先发道为帝先之论，孔、墨不应重为天命天志之说。何者？思想上之线索不如此也。

我对他说：

> 依此推断，老、庄出世之后，便不应有人重为天命天志之说了吗？难道这二千年中之天命天志之说，自董仲舒、班彪以下，都应该排在老、庄以前吗？这样的推断，何异于说，"几千年来人皆说老在庄前，钱穆先生不应说老在庄后。何者？思想上之线索不如此也？"

思想线索是最不容易捉摸的。如王充在一千八百多年前，已

---

[1] "远流本"此处补有胡适按语："适按，June, 1930"。——编注

有了很有力的无鬼之论；而一千八百年来，信有鬼论者何其多也！如荀卿已说"天行有常，不为尧存，不为桀亡"，而西汉的儒家大师斤斤争说灾异，举世风靡，不以为妄。又如《诗经》的小序，经宋儒的攻击，久已失其信用；而几百年后的清朝经学大师又都信奉毛传及序，不复怀疑。这种史事，以思想线索来看，岂不都是奇事？说得更大一点，中国古代的先秦思想已达到很开明的境界，而西汉一代忽然又陷入幼稚迷信的状态；希腊的思想已达到了很高明的境界，而中古的欧洲忽然又长期陷入黑暗的状态；印度佛教也达到了很高明的境界，而大乘的末流居然沦入很黑暗的迷雾里。我们不可以用后来的幼稚来怀疑古代的高明，也不可以用古代的高明来怀疑后世的堕落。

最奇怪的是一个人自身的思想也往往不一致，不能依一定的线索去寻求。十余年前，我自己曾说，《老子》书里不应有"天地相合以降甘露"一类的话，因为这种思想"不合老子的哲学"（《哲学史》页六一注）。我也曾怀疑《论语》里不应有"凤鸟不至，河不出图，吾已矣夫！"一类的话。十几年来，我稍稍阅历世事，深知天下事不是这样简单。现代科学大家如洛箕（Sir Oliver Lodge），也会深信有鬼，哲学大家如詹姆士（W. James）也会深信宗教。人各有最明白的地方，也各有最懵懂的地方；在甲点上他是新时代的先驱者，在乙点上他也许还是旧思想的产儿。所以苏格拉底一生因怀疑旧信仰而受死刑，他临死时最后一句话却是托他的弟子向医药之神厄斯克勒比（Asclepias）还一只鸡的许愿。

我们明白了这点很浅近的世故，就应该对于这种思想线索的论证稍稍存一点谨慎的态度。寻一个人的思想线索，尚且不容易，何况用思想线索来考证时代的先后呢？

4

第二组是用文字、术语、文体等等来证明《老子》是战国晚期的作品。这个方法，自然是很有用的，孔子时代的采桑女子不应该会做七言绝句，关羽不应该会吟七言律诗，这自然是无可疑的。又如《关尹子》里有些语句太像佛经了，决不是佛教输入以前的作品。但这个方法也是很危险的，因为（1）我们不容易确定某种文体或术语起于何时；（2）一种文体往往经过很长期的历史，而我们也许只知道这历史的某一部分；（3）文体的评判往往不免夹有主观的成见，容易错误。试举例子说明如下：

梁启超先生曾辨《牟子理惑论》为伪书，他说：

> 此书文体，一望而知为两晋、六朝乡曲人不善属文者所作，汉贤决无此手笔，稍明文章流别者自能辨之。(《梁任公近著》第一辑，中卷，页二二)

评论近人考据《老子》年代的方法

然而《牟子》一书,经周叔迦先生(《牟子丛残》)和我(《论牟子书》,《北平图书馆馆刊》五卷四号)的考证,证明是汉末的作品,决无可疑。即以文体而论,我没有梁先生的聪明,不能"一望而知";但我细读此书,才知道此书的"文字甚明畅谨严,时时作有韵之文,也都没有俗气。此书在汉、魏之间可算是好文字"。同是一篇文字,梁启超先生和我两人可以得这样绝相反的结论,这一件事不应该使我们对于文体的考证价值稍稍存一点敬慎的态度吗?

梁先生论《牟子》的话,最可以表明一般学者轻易用文体作考证标准的危险。他们预先存了一种主观的谬见,以为"汉贤"应该有何种"手笔",两晋人应该作何种佳文,六朝人应该有何种文体,都可以预先定出标准来。这是根本的错误。我们同一时代的人可以有百十等级的"手笔";同作古文,同作白话,其中都可以有能文不能文的绝大等差。每一个时代,各有同样的百十等级的手笔。班固与王充同时代,然而《论衡》与《汉书》何等不同!《论衡》里面也偶有有韵之文,比起《两都赋》,又何等不同!所谓"汉贤手笔",究竟用什么作标准呢?老实说来,这种标准完全是主观的。完全是梁先生或胡某人读了某个作家而悬想的标准。这种标准是没有多大可靠性的。

假如我举出这两句诗:

> 历览前贤国与家,成由勤俭败由奢。

你们试猜,这是什么时代的诗?多数人一定猜是明末的历史演义小说里的开场诗。不知道此诗的人决不会猜这是李商隐的诗句。又如寒山、拾得的白话诗,向来都说是初唐的作品,我在十年前不信此说,以为这种诗体应该出在晚唐。但后来发现了王梵志的白话诗,又考出了王梵志是隋唐间人,我才不敢坚持把寒山、拾得移到晚唐的主张了(《白话文学史》上,页二四二——二四九)。近年敦煌石窟所藏的古写本书的出现,使我们对于文体的观念起一个根本的变化。有好些俗文体,平常认为后起的,敦煌的写本里都有很早出的铁证。如敦煌残本《季布歌》中有这样的句子:

> 季布惊忧而问曰:只今天使是谁人?
> 周氏报言官御史,姓朱名解受皇恩。

如敦煌残本《昭君出塞》有这样的句子:

> 昭军(君)昨夜子时亡,突厥今朝发使忙。
> 三边走马传胡命,万里非(飞)书奏汉王。

这种文体,若无敦煌写本作证,谁不"一望而知"决不是"唐贤手笔"。

评论近人考据《老子》年代的方法

总而言之，同一个时代的作者有巧拙的不同，有雅俗的不同，有拘谨与豪放的不同，还有地方环境（如方言之类）的不同，绝不能由我们单凭个人所见材料，悬想某一个时代的文体是应该怎样的。同时记苏格拉底的死，而柏拉图记的何等生动细致，齐诺芬（Xenophon）记的何等朴素简拙！我们不能拿柏拉图来疑齐诺芬，也不能拿齐诺芬来疑柏拉图。

闲话少说，言归《老子》。冯友兰先生说《老子》的文体是"简明之经体"，故应该是战国时作品（说见上）。但顾颉刚先生说"《老子》一书是用赋体写出的；然而赋体固是战国之末的新兴文体呵！"（《史学年报》第四期，页二四，参看页一九）同是一部书，冯先生侧重那些格言式的简明语句，就说他是"经体"；顾先生侧重那些有韵的描写形容的文字，就可以说他是"用赋体写出的"。单看这两种不同的看法，我们就可以明白这种文体标准的危险性了。

我们可以先看看顾先生说的"赋体"是个什么样子。他举荀卿的《赋篇》（《荀子》第二十六）作例，《赋篇》现存五篇，其题为礼，知，云，蚕，箴。总观此五篇，我们可以明白当时所谓"赋"，只是一种有韵的形容描写，其体略似后世的咏物诗词，其劣者略似后世的笨谜。顾先生举荀卿的《云赋》作例，他举的语句如下：

忽兮其极之远也,攭兮其相逐而反也,卬卬兮天下之咸蹇也。德厚而不捐,五采备而成文。往来惛惫,通于大神。出入甚极,莫知其门。天下失之则灭,得之则存。

这是荀子的"赋体"。顾先生说:

此等文辞实与《老子》同其形式。

他举《老子》第十五章和二十章作例:

豫焉(河上公本作与兮)若冬涉川,犹兮若畏四邻,俨兮其若容(河上公本作客),涣兮若冰之将释,敦兮其若朴,旷兮其若谷,混兮其若浊。(《老子》十五)

我独泊兮其未兆,如婴儿之未孩;儽儽兮若无所归。……澹兮其若海,飂兮若无止。……(《老子》二十)

这是《老子》的"赋体"。

顾先生又说,《老子》这两章的文体又很像《吕氏春秋》的《士容》和《下贤》两篇,我们也摘抄那两篇的一部分:

故君子之容,……淳淳乎谨慎畏化而不肯自足,乾乾乎

取舍不悦而心甚素朴。(《士容》)

> 得道之人,銀乎其诚自有也,觉乎其不疑有以也,桀乎其必不渝移也,循乎其与阴阳化也,匆匆乎其心之坚固也,空空乎其不为巧故也,……昏乎其深而不测也。……(《下贤》)

这是《吕氏春秋》的"赋体"。

顾先生说:

> 这四段文字,不但意义差同,即文体亦甚相同,形容词及其形容的姿态亦甚相同,惟助词则《老子》用"兮",《吕书》用"乎"为异。大约这是方言的关系。

我们看了顾先生的议论,可以说:他所谓"文体"或"形式"上的相同,大概不外乎下列几点:

(1)同是形容描写的文字。

(2)同用有"兮"字或"乎"字语尾的形容词。

(3)"形容词及其形容的姿态亦甚相同"。

依我看来,这些标准都不能考订某篇文字的时代。用这种带"兮"字或"乎"字的形容词来描写人物,无论是韵文或散体,起源都很早。最早的如春秋早期的《鄘风·君子偕老》诗,《卫风·硕人》诗,《齐风·猗嗟》诗,都是很发达的有韵的描写形容。在《论

语》里,我们也可以见着这种形容描画的散文:

> 子曰,大哉尧之为君也!巍巍乎,惟天为大,惟尧则之。荡荡乎,民无能名焉。巍巍乎,其有成功也。焕乎其有文章。(《论语》八)
>
> 子曰,巍巍乎,舜、禹之有天下也而不与焉。(《论语》八)

我们试用这种语句来比《荀子》的《赋篇》,和《吕氏春秋》的《士容》《下贤》两篇,也可以得到"形容词及其形容的姿态亦甚相同"的结论。你瞧:

> (《论语》)巍巍乎,惟天为大,惟尧则之。
>
> 荡荡乎,民无能名焉。
>
> 巍巍乎,其有成功也。
>
> 焕乎其有文章。
>
> (《老子》)涣兮若冰之将释。
>
> 儽儽兮若无所归。
>
> 淡乎其无味。(三十五章。《文子·道德篇》引此句,作"淡兮"。)
>
> (《荀子》)忽兮其极之远也。
>
> 卬卬兮天下之咸蹇也。

评论近人考据《老子》年代的方法

(《吕览》)淳淳乎谨慎畏化而不肯自足。

乾乾乎取舍不悦而心甚素朴。

觉乎其不疑有以也。

桀乎其必不渝移也。

匆匆乎其心之坚固也。

空空乎其不为巧故也。

昏乎其深而不测也。

这些形容词及其形容的姿态,何等相同!何等相似!其中《论语》与《吕览》同用"乎"字,更相像了。

如果这等标准可以考订《老子》成书的年代,那么,我们也可以说《论语》成书也该在吕不韦时代或更在其后了!

文体标准的不可靠,大率如此。这种例证应该可以使我们对于这种例证存一点特别戒惧的态度。

至于摭拾一二个名词或术语来做考证年代的标准,那种方法更多漏洞,更多危险。顾颉刚先生与梁启超先生都曾用此法。如顾先生说:

更就其所用名词及仂语观之:"公"这一个字,古书中只用作制度的名词(如公侯、公田等),没有用作道德的名词的（如公忠、公义等）。《吕氏春秋》有《贵公》篇，又有"清净以公"等句，足见这是战国时新成立的道德名词。《荀子》与吕书同其时代，故书中言"公"的也很多。可见此种道德在荀子时最重视。《老子》言"容乃公，公乃王"（十六章），正与此同。（《史学年报》四，页二五）

然而《论语》里确曾把"公"字作道德名词用：

> 宽则得众，信则民任焉，敏则有功，公则悦。（《论语》二十）

《老子》书中有"公"字，就应该减寿三百年。《论语》也有"公"字，也应该减寿三百年，贬在荀卿与吕不韦的时代了。

任公曾指出"仁义"对举仿佛是孟子的专卖品。然而他忘了《左传》里用仁义对举已不止一次了（如庄二十二年，如僖十四年）。任公又曾说老子在春秋时不应该说"侯王""王公""王侯""取天下""万乘之主"等名词。然而《周易》蛊卦已有"不事王侯"，坎卦象辞与离卦象辞都有"王公"了。《论语》常用"天下"字样，如"管仲一匡天下"，如"禹稷躬稼而有天下"，如"泰伯三以天下让"。其实稷何尝有天下？泰伯又哪有"天下"可让？《老子》书中有"取天下"，也不过此种泛称，有何可怪？"天下""王等名词既可用,为什么独不可用"万乘之主"?《论语》可以泛说"道千乘之国",《老子》何以独不可泛说"万乘之主"呢?(河上公注:"万乘之主谓王。")凡持此种论证者,胸中往往先有一个"时代意识"的成见。此种成见最为害事。孔子时代正是诸侯力征之时,岂可以高谈"无为"?然而孔子竟歌颂"无为而治",提倡"居敬而行简"之政治。时代意识又在哪里呢?

5

最后,我要讨论顾颉刚先生的《从〈吕氏春秋〉推测〈老子〉之成书年代》(《史学年报》四,页一三——四六)的考据方法。此文的一部分,我在上节已讨论过了。现在我要讨论的是他用《吕氏春秋》引书的"例"来证明吕不韦著书时《老子》还不曾成书。

顾先生此文的主要论证是这样的:

第一,《吕氏春秋》"所引的书是不惮举出它的名目的。所以书中引的《诗》和《书》甚多,《易》也有,《孝经》也有,《商箴》《周箴》也有,皆列举其书名。又神农、黄帝的话,孔子、墨子的话,……亦皆列举其人名"。这是顾先生说的《吕书·引书例》。

第二,然而"《吕氏春秋》的作者用了《老子》的文词和大义这等多,简直把五千言的三分之二都吸收进去了,但始终不曾吐出这是取材于《老子》的"。

因此顾先生下了一个假设:"在《吕氏春秋》著作的时代,还没有今本《老子》存在。"

我对于顾先生的这种考据方法,不能不表示很深的怀疑。我现在把我的怀疑写出来供他的考虑。

第一,替古人的著作做"凡例",那是很危险的事业,我想是劳而无功的工作。古人引书,因为没有印本书,没有现代人检查的便利;又因为没有后世学者谨严的训练,错落几个字不算什么大罪过,不举出书名和作者也不算什么大罪过,所以没有什么引书的律例可说。如《孟子》引孔子的话,其与《论语》可以相对勘的几条之中,有绝对谨严不异一字的(如卷三,"里仁为美,择不处仁,焉得智"),有稍稍不同的(如卷五"大哉尧之为君"一章),有自由更动了的(如卷五"君薨听于冢宰"一章,又卷六"阳货欲见孔子"一章,又卷十四"孔子在陈"一章),也有明明记忆错误的(如卷三"夫子圣矣乎"一段,对话的人《论语》作公西华,《孟子》作子贡,文字也稍不同。又如卷五"生事之以礼,死葬之以礼,祭之以礼",《论语》作孔子告樊迟的话,而《孟子》作曾子说的话)。我们若试作《孟子》引书凡例,将从何处作起?

即以《吕氏春秋》引用《孝经》的两处来看,就有绝对不同的义例:

(1)《察微》篇(卷十六)

评论近人考据《老子》年代的方法

《孝经》曰：高而不危，所以长守贵也。满而不溢，所以长守富也。富贵不离其身，然后能保其社稷而和其民人。(《孝经》"诸侯"章)

（2）《孝行览》(卷十四)

故爱其亲不敢恶人，敬其亲不敢慢人。爱敬尽于事亲，光耀加于百姓，究于四海。此天子之孝也。(《孝经》"天子"章)

前者明举"孝经曰"，而后者不明说是引《孝经》，《吕氏春秋》的"引书例"究竟在哪里？

第二，顾先生说《吕氏春秋》"简直把《老子》五千言的三分之二都吸收进去了"，这是骇人听闻的控诉！我也曾熟读五千言，但我读《吕氏春秋》时，从不感觉"到处碰见"《老子》。所以我们不能不检查顾先生引用的材料是不是真赃实据。

顾先生引了五十三条《吕氏春秋》，其中共分几等：

（甲）他认为与《老子》书"同"的，十五条。

（乙）他认为与《老子》书"义合"的或"意义差同"的，三十五条。

（丙）他认为与《老子》书"甚相似"的，二条。

（丁）他认为与《老子》书"相近"的，一条。

最可怪的是那绝大多数的乙项"义合"三十五条。"义合"只是意义相合,或相近。试举几个例:

（1）为道日损,损之又损,以至于无为。(《老》四八章)
故至言去言,至为无为。(《吕·精谕》篇)
（2）不自见故明。(二二)自见者不明。(《老》二四章)
去听无以闻则聪。去视无以见则明。(《吕·任数》篇)
（3）重为轻根。……是以圣人终日行不离辎重。(《老》二六章)
以重使轻,从。(《吕·慎势》篇)

这种断章取义的办法,在一部一百六十篇的大著作里,挑出这种零碎句子,指出某句与某书"义合",已经是犯了"有意周内"的毛病了。如第（3）例,原文为

故以大畜小,吉;以小畜大,灭。以重使轻,从;以轻使重,凶。

试读全篇(《慎势》篇),乃是说,"欲定一世,安黔首之命……其势不厌尊,其实不厌多"。国愈大,势愈尊,实力愈多,然后成大业愈易。所以滕、费小国不如邹、鲁,邹、鲁不如宋、郑,宋、

评论近人考据《老子》年代的方法

郑不如齐、楚。"所用弥大,所欲弥易"。此篇的根本观念,和《老子》书中的"小国寡民"的理想可说是绝对相反。顾先生岂不能明白此篇的用意?不幸他被成见所蔽,不顾全篇的"义反",只寻求五个字的"义合",所以成了"断章取义"了!他若平心细读全篇,就可以知道"以重使轻,从"一句和《老子》的"重为轻根,静为躁君"一章绝无一点"义合"之处了。

其他三十多条"义合",绝大多数是这样的断章取义,强为牵合。用这种牵合之法,在那一百六十篇的《吕氏春秋》之内,我们无论要牵合何人何书,都可以寻出五六十条"义合"的句子。因为《吕氏春秋》本是一部集合各派思想的杂家之言。无论是庄子、荀子、墨子、慎到、韩非,(是的,甚至于韩非!)都可以在这里面寻求"义合"之句。即如上文所举第(1)例的两句话,上句"至言去言"何妨说是"义合"于《论语》的"予欲无言"一章?下句"至为无为"何妨说是"义合"于《论语》的"无为而治"一章?

所以我说,"义合"的三十多条,都不够证明什么,都不够用作证据。至多只可说有几条的单辞只字近于今本《老子》而已。

再看看顾先生所谓"同"或"甚相似"的十几条。这里有三条确可以说是"同"于《老子》的。这三条是:

(4)大智不形,大器晚成,大音希声。(《吕·乐成》篇)
大器晚成,大音希声,大象无形。(《老》四一章)

（5）故祸兮福之所倚，福兮祸之所伏。圣人所独见，众人焉知其极？（《吕·制乐》篇）

祸兮福之所倚，福兮祸之所伏。孰知其极？（《老》五八章）

（6）故曰，不出户而知天下，不窥于牖而知天道。其出弥远者其知弥少。（《吕·君守》篇）

太上反诸己，其次求诸人，其索之弥远者其推之弥疏，其求之弥强者失之弥远。（《吕·论人》篇）

不出于门户而天下治者，其惟知反于己身者乎？（《吕·先己》篇）

不出户，知天下；不窥牖，见天道。其出弥远，其知弥少。（《老》四七章）

除了这三条之外，没有一条可说是"同"于《老子》的了。试再举几条顾先生所谓"同"于《老子》的例子来看看：

（7）道也者，视之不见，听之不闻，不可为状。有知不见之见，不闻之闻，无状之状者，则几于知之矣。道也者，至精也，不可为形，不可为名。强为之，谓之太一。（《吕·大乐》篇）

视之不见名曰夷，听之不闻名曰希，搏之不得名曰微。

此三者不可致诘，故混而为一。其上不皦，其下不昧，绳绳不可名，复归于无物。是谓无状之状，无物之象。是为惚恍。……（《老》十四章）

有物混成，先天地生。寂兮寥兮，独立不改，周行而不殆，可以为天下母。吾不知其名，字之曰道，强为之名曰大。（《老》二五章）

（8）天地大矣，生而弗子，成而弗有，万物皆被其泽，得其利，而莫知其所由始。(《吕·贵公》篇）

全乎万物而不宰，泽被天下而莫知其所自始。(《吕·审分》篇）

万物作焉而不辞，生而不有，为而不恃。(《老》二章）

生之畜之，生而不有，为而不恃，长而不宰。(《老》十章）

大道泛兮其可左右，万物恃之而生而不辞，功成不名有，衣养万物而不为主。(《老》三四章）

（9）天下，重物也，而不以害其生，又况于它物乎？惟不以天下害其生者也，可以托天下。(《吕·贵生》篇）

故贵以身为天下，若可寄天下。爱以身为天下，若可托天下。(《老》十三章）

（适按，《老子》此章以有身为大患，以无身为无患，与《贵生》篇义正相反。但《吕》书《不侵》篇也曾说："天下轻于身，而士以身为人。以身为人者如此其重也！"必须有此一转语,《吕》书之意方可明了。)

这几条至多只可以说是每条有几个字眼颇像今本《老子》罢了。此外的十多条,都是这样的单辞只字的近似,绝无一条可说是"同"于《老子》,或"甚相似"。如《行论》篇说:

> 诗曰,"将欲毁之,必重累之。将欲踣之,必高举之"。其此之谓乎?

顾先生说,"这两句诗实在和《老子》三十六章太吻合了"。《老子》三十六章说:

> 将欲歙之,必固张之。将欲弱之,必固强之。将欲废之,必固兴之。将欲夺(《韩非·喻老》篇作取)之,必固与之。是谓微明。

两段文字中的动词,没有一个相同的,我们可以说是"吻合"吗?吕书明明引"诗曰",高诱注也只说是"逸诗",这本不成问题。颉刚说:

> 若认为取自《老子》,那是犯了以后证前的成见。(《史

评论近人考据《老子》年代的方法

学年报》四,页二三)

这是颉刚自己作茧自缚。从高诱以来,本无人"认为取自《老子》"的。

又如《吕氏春秋·任数》篇引申不害批评韩昭侯的话:

> 何以知其聋?以其耳之聪也。何以知其盲?以其目之明也。何以知其狂?以其言之当也。

这是当时论虚君政治的普通主张,教人主不要信任一己的小聪明。此篇的前一篇(《君守》)也有同样的语句:

> 故有以知君之狂也,以其言之当也。有以知君之惑也,以其言之得也。君也者,以无当为当,以无得为得者也。故善为君者无识,其次无事。有识则有不备矣。有事则有不恢矣。

若以《吕》书引申不害为可信,我们至多可以说:《君守》篇的一段是用《任数》篇申不害的话,而稍稍变动其文字,引申其意义。然而颉刚说:

> 这一个腔调与《老子》十二章所云"五色令人目盲,五

音令人耳聋,五味令人口爽,驰骋畋猎令人心发狂"甚相似。

这几段文字哪有一点相似?难道《老子》书中有了目盲耳聋,别人就不会再说目盲耳聋了吗?说了目盲耳聋,就成了《老子》腔调了吗?

这样看来,颉刚说的《老子》五千言有三分之二被吸收在《吕氏春秋》里,是不能成立的。依我的检查,《吕氏春秋》的语句只有三条可算是与《老子》很相同的("大器晚成"条,"祸兮福之所倚"条,《君守》篇"不出户而知天下"条);此外,那四十多条,至多不过有一两个字眼的相同,都没有用作证据的价值。

第三,我们要问:《吕氏春秋》里有这三条与《老子》很相同的文字,还偶有一些很像套用《老子》字眼的语句,但都没有明说是引用《老子》,——从这一点上,我们能得到何种结论吗?

我的答案是:

(1)《吕氏春秋》既没有什么"引书例",那三条与今本《老子》很相合的文字,又都是有韵之文,又都有排比的节奏,最容易记忆,著书的人随笔引用记忆的句子,不列举出处,这一点本不足引起什么疑问,至少不够引我们到"那时还没有今本《老子》"的结论。因为我们必须先证明"那时确没有今本《老子》",然后可以证明"《吕氏春秋》中的那三段文字确不是引用《老子》"。不然,那就又成了"丐辞"了。

（2）至于那些偶有一句半句或一两个字眼近似《老子》的文字，更不够证明什么了。颉刚自己也曾指出《淮南子》的《原道训》"把《老子》的文辞，成语和主义融化在作者自己的文章之中，而不一称'老子曰'。然而他写到后来，吐出一句'故老聃之言曰，天下之至柔驰骋天下之至坚，出于无有，入于无间，吾是以知无为之有益'"（《史学年报》四，页十六）。颉刚何不试想，假使《原道训》一篇的前段每用一句《老子》都得加"老子曰"，那还成文章吗？我们试举上文所引《吕氏春秋》的第（8）例来看看：

> 天地大矣，生而弗子，成而弗有，万物皆被其泽，得其利，而莫知其所由始。

假定这种里面真是套了《老子》的"生而不有，为而不恃"，请问：如果此文的作者要想标明来历，他应该如何标明？他有什么法子可以这样标明？颉刚所举的五十条例子，所谓"同"，所谓"义合"，所谓"甚相似"，至多不过是这样把《老子》的单辞只字"融化在作者自己的文章之中"，在行文的需要上，绝没有逐字逐句标明"老子曰"的道理，也决没有逐字逐句标明来历的方法。所以我说，这些例子都不够证明什么。如果他们能证明什么，至多只能够暗示他们套用了《老子》的单辞只字，或套用了《老子》的腔调而已。李侯佳句往往似阴铿，他虽不明说阴铿，然而我们绝不能因此证明阴铿生在李白之后。

顾先生此文的后半,泛论战国后期的思想史,他的方法完全是先构成一个"时代意识",然后用这"时代意识"来证明《老子》的晚出。这种方法的危险,我在前面第三、四两节已讨论过了。

6

我已说过,我不反对把《老子》移后,也不反对其他怀疑《老子》之说。但我总觉得这些怀疑的学者都不曾举出充分的证据。我这篇文字只是讨论他们的证据的价值,并且评论他们的方法的危险性。中古基督教会的神学者,每立一论,必须另请一人提出驳论,要使所立之论因反驳而更完备。这个反驳的人就叫做"魔的辩护士"(Advocatus diaboli)。我今天的责任就是要给我所最敬爱的几个学者做一个"魔的辩护士"。魔高一尺,希望道高一丈。我攻击他们的方法,是希望他们的方法更精密;我批评他们的证据,是希望他们提出更有力的证据来。

至于我自己对于《老子》年代问题的主张,我今天不能细说了。我只能说:我至今还不曾寻得老子这个人或《老子》这部书有必须移到战国或战国后期的充分证据。在寻得这种证据之前,我们只能延长侦查的时期,展缓判决的日子。

怀疑的态度是值得提倡的。但在证据不充分时肯展缓判断（Suspension of judgement）的气度是更值得提倡的。

1933年元旦改稿

（原载1933年5月北京大学哲学会《哲学论丛》

第一集，1933年5月著者书店出版单行本）

附录一　与钱穆先生论《老子》问题书

宾四先生：

去年读先生的《向歆父子年谱》，十分佩服。今年在《燕京学报》第七期上读先生的旧作《关于〈老子〉成书年代之一种考察》，我觉得远不如《向歆谱》的谨严。其中根本立场甚难成立。我想略贡献一点意见，请先生指教。

此文的根本立场是"思想上的线索"。但思想线索实不易言。希腊思想已发达到很"深远"的境界了，而欧洲中古时代忽然陷入很粗浅的神学，至近千年之久。后世学者岂可据此便说希腊之深远思想不当在中古之前吗？又如佛教之哲学已到很"深远"的境界，而大乘末流沦为最下流的密宗，此又是最明显之例。试即先生所举各例，略说一二事。如云：

> "说卦""帝出于震"之说,……其思想之规模,条理及组织,盛大精密,皆逊《老子》,故谓其书出《老子》后,袭《老子》语也。以下推断率仿此。

然先生已明明承认《大宗师》已有道先天地而生的主张了。"仿此推断",何不可说"其书出《老子》后,袭《老子》语也"呢?

又如先生说:

> 以思想发展之进程言,则孔、墨当在前,老、庄当在后。否则老已先发道为帝先之论,孔、墨不应重为天命天志之说。何者?思想上之线索不如此也。

依此推断,老、庄出世之后,便不应有人重为天命天志之说了吗?难道二千年中之天命天志之说,自董仲舒、班彪以下,都应该排在老、庄以前吗?

这样的推断,何异于说"几千年来,人皆说老在庄前,钱穆先生不应说老在庄后,何者?思想上之线索不如此也"。

先生对于古代思想的几个重要观念,不曾弄明白,故此文颇多牵强之论。如天命与天志当分别而论。天志是墨教的信条,故墨家非命;命是自然主义的说法,与尊天明鬼的宗教不能并存。(后世始有"司命"之说,把"命"也做了天鬼可支配的东西。)

评论近人考据《老子》年代的方法

当时思想的分野：老子倡出道为天地先之论，建立自然的宇宙观，动摇一切传统的宗教信仰，故当列为左派。孔子是左倾的中派，一面信"天何言哉？四时行焉，百物生焉"的自然无为的宇宙论，又主"存疑"的态度，"知之为知之，不知为不知"，"未能事人，焉能事鬼"，皆是左倾的表示；一面又要"祭如在，祭神如神在"，则仍是中派。孔、孟的"天"与"命"，皆近于自然主义；"莫之为而为，莫之致而致"，皆近于老、庄。此孔、孟、老、庄所同，而尊天事鬼的宗教所不容。墨家起来拥护那已动摇的民间宗教，稍稍加以刷新，输入一点新的意义，以天志为兼爱，明天鬼为实有，而对于左派中派所共信的命定论极力攻击。这是极右的一派。

思想的线索必不可离开思想的分野。凡后世的思想线索的交互错综，都由于这左、中、右三线的互为影响。荀卿号称儒家，而其《天论》乃是最健全的自然主义。庄子蔽于天而不知人，其《大宗师》一篇已是纯粹宗教家的哀音，已走到极右的路上去了。

《老子》书中论"道"，尚有"吾不知其名，字之曰道，强为之名曰大"的话，是其书早出最强有力之证。这明明说他初得着这个伟大的见解，而没有相当的名字，只好勉强叫他做一种历程——道——或形容他叫做"大"。

这个观念本不易得多数人的了解，故直到战国晚期才成为思想界一部分人的中心见解。但到此时期——如《庄子》书中——

这种见解已成为一个武断的原则,不是那"强为之名"的假设了。

我并不否认"《老子》晚出"之论的可能性。但我始终觉得梁任公、冯芝生与先生诸人之论证无一可使我心服。若有充分的证据使我心服,我决不坚持《老子》早出之说。

匆匆草此,深盼

指教。

胡适　廿,三,十七

(原载1932年5月7日《清华周刊》第37卷第9、10期合刊,又收入1933年3月朴社出版的《古史辨》第4册)

附录二　致冯友兰书

芝生吾兄:

承你寄赠《中国哲学史讲义》一八三页,多谢多谢。连日颇忙,不及细读,稍稍翻阅,已可见你功力之勤,我看了很高兴。将来如有所见,当写出奉告,以酬远道寄赠的厚意。

今日偶见一点,不敢不说。你把《老子》归到战国时的作品,自有见地;然讲义中所举三项证据,则殊不足推翻旧说。第一,"孔子以前,无私人著述之事",此通则有何根据?当孔子生三岁时,叔孙豹已有三不朽之论,其中"立言"已为三不朽之一了。他并

评论近人考据《老子》年代的方法

且明说"鲁有先大夫曰臧文仲,既没,其言立"[1]。难道其时的立言者都是口说传授吗?孔子自己所引,如周任之类,难道都是口说而已?至于邓析之书,虽不是今之传本,岂非私人所作?故我以为这一说殊不足用作根据。

第二,"《老子》非问答体,故应在《论语》《孟子》后"。此说更不能成立。岂一切非问答体之书,皆应在《孟子》之后吗?《孟子》以前的《墨子》等书岂皆是后人假托的?况且"非问答体之书应在问答体之书之后"一个通则又有什么根据?以我所知,则世界文学史上均无此通则。《老子》之书韵语居多,若依韵语出现于散文之前一个世界通则言之,则《老子》正应在《论语》之前。《论语》《檀弓》一类鲁国文学始开纯粹散文的风气,故可说纯散文起于鲁文学,可也;说其前不应有《老子》式的过渡文体,则不可也。

第三,"《老子》之文为简明之'经'体,可见其为战国时之作品"。此条更不可解。什么样子的文字才是简明之"经"体?是不是格言式的文体?孔子自己的话是不是往往如此?翻开《论语》一看,其问答之外,是否章章如此?"巧言,令色,鲜矣仁";

---

[1]"远流本"此处有胡适按语"适按,文仲死在文公十年(前617)。叔孙豹说此话在襄公二十四年(前549)。《释文》说:今俗本皆作'其言立于世'。检元熙以前本,则无'于世'二字"。——编注

"道千乘之国，敬事而信，节用而爱人，使民以时"；"行夏之时，乘殷之辂，服周之冕"……这是不是"简明之'经'体"？

怀疑《老子》，我不敢反对；但你所举的三项，无一能使我心服，故不敢不为它一辩。推翻一个学术史上的重要人，似不是小事，不可不提出较有根据的理由。

任公先生所举证据，张怡荪兄曾有驳文，今不复能记忆了。今就我自己所能见到之处，略说于此。任公共举六项：

（一）孔子十三代孙能同老子的八代孙同时。此一点任公自己对我说，他梁家便有此事，故他是大房，与最小房的人相差五六辈。我自己也是大房，我们族里的排行是"天德锡祯祥，洪恩育善良"十字，我是"洪"字辈，少时常同"天"字辈人同时；今日我的一支已有"善"字辈了，而别的一支还只到"祥"字辈。这是假定《史记》所记世系可信。何况此两个世系都大可疑呢？

（二）孔子何以不称道老子？我已指出《论语》"以德报怨"一章是批评老子。此外"无为而治"之说也似是老子的影响。

（三）《曾子问》记老子的话与《老子》五千言精神相反。这是绝不了解老子的话。老子主张不争，主张柔道，正是拘谨的人。

（四）《史记》的神话本可不论，我们本不根据《史记》。

（五）老子有许多话太激烈了，不像春秋时人说的。试问邓析是不是春秋时人？做那《伐檀》《硕鼠》的诗人又是什么时代人？

评论近人考据《老子》年代的方法

（六）老子所用"侯王""王公""王侯""万乘之君""取天下"等字样，不是春秋时人所有。他不记得《易经》了吗？《蛊》上九有"不事王侯"。《坎》象辞有"王公设险"，《离》象辞有"离王公也"。孔子可以说"千乘之国"，而不许老子说"万乘之君"，岂不奇怪？至于"偏将军"等官名，也不足据。《汉书·郊祀志》不说"杜主，故周之右将军"吗？

以上所说，不过略举一二事，说明我此时还不曾看见有把《老子》挪后的充分理由。

至于你说，道家后起，故能采各家之长。此言甚是。但"道家"乃是秦以后的名词，司马谈所指乃是那集众家之长的道家。老子、庄子的时代并无人称他们为道家。故此言虽是，却不足推翻《老子》之早出。

以上所写，匆匆达意而已，不能详尽，甚望指正。

近日写《中古哲学史》，已有一部分脱稿，拟先付油印，分送朋友指正。写印成时，当寄一份请教。

胡适　十九，三，二十夜

（原载1931年6月8日天津《大公报·文学》副刊第178期，又收入1933年3月朴社出版的《古史辨》第4册）

考证学方法之来历

我觉得很抱歉,辅仁大学的很多朋友几次要我来说几句话,可是一年以来,在外面跑了半年,很少时间,直到今天,才得和诸位见面。今天是应辅仁大学国文系之约来的,想到的"考证学方法之来历"这个题目,是和国文系有关系的,而与别的同学也有直接的或间接的关系。因为近几年来,研究考证学方法之来历的渐渐多了,而中国近三百年的学问和思想,很受考证学的影响。

考一物,立一说,究一字,全要有证据,就是考证,也可以说是证据,必须有证据,然后才可以相信。

近三百年始有科学的,精密的,细致的考察,必有所原。许多人以为是17世纪西洋天主教耶稣会教士带到中国来的,如梁任公先生就是这样主张着。

在1600年左右,利玛窦来到中国。继之若干年,经明至清朝康熙雍正年间,有许多有名的学者到中国来,他们的人格学问,全是很感动人的,并且介绍了西方的算学,天文学等16世纪、17世纪的西洋科学。恐怕中国的思想界学术界受到他们的影响。

中国考证学家,清代考据学开山祖师顾亭林和阎若璩,全生

考证学方法之来历

于利玛窦来华之后。顾亭林生于1613年,阎生于1636年,利玛窦则是1581年或1582年来华的。顾亭林考证古音,他的方法极其精密,例如"服"字,古音不读"服"音,而读"逼"音,他为了考证这一字,立这一说,举出一百六十二个证据来证实。在他的著书里,立一说,必要证据,许多字的考证都是这样,阎若璩考证《古文尚书》,也是这样。《尚书》有两种,西汉时候的《今文尚书》,有二十八篇,到了晋代,又出了一种《古文尚书》,有五十三篇,于前一种的二十八篇之外,又增加了二十五篇,文字好,易了解,谈政治、道德,很有点哲学味,内容丰富。因为它是用古文字写的,所以称做《古文尚书》,当时有人不相信,渐渐地也就相信了。至唐代以后,《古文尚书》成为正统,没有疑心它是假的了。到了清代,阎若璩著书《尚书古文疏证》,把假的那些篇,一篇一句,都考出它的娘家,打倒了《古文尚书》。

清代的学术,是训诂、考据和音韵。顾亭林考证音韵研究训诂,阎若璩考证古书真伪,他们两人,全是17世纪的人,在利玛窦来华以后,这样看来,岂不是西洋的科学影响了中国的考证学了吗?

另一个证据,西洋学者带来了算学,天文等,曾经轰动一时。那时候,自己知道中国历法不够用,常常发生错误,推算日蚀和月蚀也不准确。当时的天文学有三派,一派是政府的钦天监,一派是回教的回回历,一派是中国私人魏氏历法。西洋于16世纪后改用新历,是最新、最高、最进步的了,带到中国之后,又有了这个第四派。中国政府不能评定哪一种历法准确，就想了一个法子，每一种都给他一个观象台，让他们测算日蚀，从何年何日何时开始，至何时退蚀，来考究他们。因为历法和日常生活很有关系，全中国都注意这一回事，二十年的长时间考证的结果，处处是西洋方法占胜利。并且，因为日蚀推算，如果阴雨，就不能看出来了，所以同时测算四川成都、陕西西安、山东济南和北京四个地方，清政府派人到四个地方视察报告，当然不会四个地方都赶上阴雨。结果，别几种都差得很远，而耶稣会教士的新科学方法占了胜利。明代崇祯末年，政府颁布了使用新法，而这一年，明朝就亡了，清代继续采用，直到1912年，民国改元之后，用了新历，而方法还是一样的。清代的考据家，没有不曾研究过算学的，如戴东原，就是一位算学家。有清一代的考证学，就是在西洋算学影响之下，算学方法，就是要有证据。

我个人是怀疑这种说法的。对于当时的西洋学者的人格，学问，我都很钦佩，他们也留下深刻的影响，前读中国的徐光启的三卷信札，更增加了钦佩之意，中国许多革新人物，全受过他们的影响。但是，要说考证学的方法,是由天主教耶稣会教士带来的，到今日为止，还没有充分的考据。前面说过的证明，还不能承认，今天所讲的，就是要特别提出个人的见解，以就正大家。请对于我们怀疑的，加以怀疑，或者更有新的收获。

前面所说的影响，很少可以承认的。顾亭林就不是算学家，

考证学方法之来历

阎若璩也是到了晚年算《春秋》《左传》《汉书》中的纪年和日蚀，因为那与历法有关系，才开始学算学的，所以不能受他的影响，而且是已经做了考证学家才学算学的，如王念孙也不是算学家，至少，不是受他的影响。我们只能承认算学影响历法，影响思想，而和考据学没有关系。在西洋，天文学，算学，物理学全很早就发达了，而西洋的历史、文学的考据，到19世纪才发达。假如天文学、算学等能够影响考据，一定会很早就产生了，而西洋竟是很晚的，所以它并不能影响人怀疑和找证据，至于宗教家所提倡的是使人信，不是使人怀疑。

以时代关系来证明，是错误的。清代两考证学大师，顾亭林有他的来历与师承，阎若璩亦有他的来历与师承。

在音韵方面，顾亭林的方法是立一说，证一字，必要有证据。证据有两种，本证和旁证，如同证诗经字韵的古音，从《诗经》找证据，曰本证，从《老子》《易经》《淮南子》《管子》《楚辞》等书里的方韵来证《诗经》，曰旁证。这种方法，在顾之前，有福建人陈第，作过一本《毛诗古音考》，就用了这种方法，是顾亭林的本师。《毛诗古音考》著于1604年，出版于1606年，利玛窦虽已来华，而北来第一次是1596年，第二次是1602年，短时期内受到影响，是不可能的。顾得自陈，毫无问题，而在陈第之前，还有崔犹，在1580年就考证过《毛诗》古音。再推上去，可到宋代，12世纪，朱熹就是一位考证家。

再一个证据就是,阎若璩考据《尚书》,他的先师也来历明白,梅鷟,生死年月不可考了,他是1513年的举人,他作过一部《古文尚书考义》,用的方法和阎的一样,一一找出伪造的娘家。那个时候,还没有利玛窦,百年之后,书籍与方法更完备了。在梅鷟之前,可以推上去到元代吴澄,他死于1333年,已经把《尚书》今文和古文分开,述其真假。更可上推至宋代的朱熹、吴棫,他们已经疑惑《古文尚书》和《今文尚书》的不同,到了吴澄,就不客气地一一指出了假造名篇的来历,是东抄西借,杂缀而成的。北宋的欧阳修、王安石、苏东坡,亦曾怀疑而研究之。在唐朝韩愈和柳宗元的文章中,亦提出考证,《论语》一书,经柳宗元的考证,知道是孔子的弟子的弟子所记,那是以常识作证据的。

总之,这种考证方法,不用来自西洋,实系地道的国货。三百年来的考证学,可以追溯至宋,说是西洋天主教耶稣会教士的影响,不能相信。我的说法是由宋渐渐地演变进步,到了十六七世纪,有了天才出现,学问发达,书籍便利,考证学就特别发达了。它的来历可以推到12世纪。

现在时间还有一点,让我说一点别的。

考证的方法是立一说,必有证据,为什么到了宋代朱熹时候才发达呢,这是很值研究的,这也是一种考据。方才说过,考证学不来自西洋,是国货,可是它是怎样来的呢?

中国历史经过长的黑暗时期,学问很乱,没有创造,没有精密的方法。汉代是做古书的注解，唐代是做注解的注解，文学方面有天才，学术方面则没有。并且，这种方法在古代是不易的，那时候没有刻版书，须一一抄写，书籍是一卷一卷的，有的长至四五十尺，读后忘前，没有法子校勘，写本又常各不相同，没有一定的标准本。唐代有了刻版书，到了宋代才发达，如同书经，有国子监的官版本，有标准本后才能够校勘其他的刻本和抄本，这必须书籍方便才可以，毫无问题。

11世纪，北宋后期，程颐、程颢提出格物致知来，一部一千七百五十字的《大学》，是有很大的关系的书。几百年来，受着它的约束，程氏兄弟发现了一千七百五十字里有五个字最重要，就是"致知在格物"。《大学》中，每一句话都有说明，惟独这五个字没有，什么是格物，没有人知道，当时有五六十种"格物说"，有解"格"为一个一个的格子的，有解"格"为"格斗"的。程氏兄弟提出重要的解释，格是到的意思，格物就是到物，所以说"格物即物，而穷其理"。今天格一物，明天格一物，今天格一事，明天格一事，然后才可以致知，至于物的范围，由一身之中至天地之高大，万物之所以然，均在其内，这是当时的"格物说"。有了中国的科学理想与目标，而没有科学方法，无从着手，中国从来的学术是（一）人事的，没有物理与自然的解释，（二）文字上的解释，而无物据，所以有理想，不能有所发展。如王阳明和一个姓钱的研究格物，对着一棵竹子坐了三天，毫无所获；

王阳明自己对坐了七天，也是一样，于是很幽默地说了，圣贤是做不成了，因为没有那么大的气力来格物了。这个笑话可以证明当时有科学目标与理想而没有方法，这完全不同于西洋。从埃及、希腊，就和自然界接触，亚里士多德于研究论理之外，自己采集动植物的标本做解剖实验，而孔夫子不过读《诗》而知鸟名罢了，中国没有这样背景，仅能像王阳明对竹而坐了。

程子，朱子感到这种格物办不通，就缩小了物的范围，由无所不包小到三件事：（一）读书穷理；（二）上论古人；（三）对人接物。朱子以后，就丢弃了大规模的格物而缩小，读书穷理也仅是读古经书了，所以士大夫就拿格物方法来研究古书了。

至于程朱格物的背景，我想，那时候没有自然科学，大概是由于科举时代，于做文章之外，还须研究"判"。考试的时候，拿几种案件，甲如何，乙如何，丙又如何，由士子判断是非，这样，必须多少有法律的训练。程明[道]送行状中记载着，他做县尉的时候，有听诉的训练，有今日的法官、律师、侦探的天才，从刑名之学得到找证据的方法，考、据、证、例、比等等全为法律上的名词。这方面的训练，在朱熹亦是有的。

朱熹亦是一个考据家，他三十岁的时候，校勘了一册语录，用三种抄本和一种刻本。他发现了刻本中多了百余条，其中五十多条是假的，就删去了，他到三十八岁的时候，找到了证据，就写了一篇跋，说明他的删掉的理由。他的著书也极审慎，他主张研究古书须学法家的深刻，才能穷究得进。他自己说，他的长处没有别的，就是肯用功，考证也是用法律方法，研究了一件，再研究了一件，不曾精细研究一本书，而牵引了许多别的，是一件错误。

他还有许多故事，可以证明他是受了律法的影响，做福建通安县主簿，知漳州，处理案件，是和考证一样的。

简括起来说，中国古代没有自然科学的环境，士大夫与外边无由接近，幸有刑名之学，与法律接近。科举时考"判"，做官时判案，尤须人证物证，拿此种判案方法应用在判别古书真伪、旧说是非，加以格物致知之哲学影响，而为三百年来考证学之来历，故纯为国货考证学，不会来自西洋的。将来有研究天主教耶稣会教士东来的历史专家提出新证据，我当再来辅仁大学取消我今天的话。

天主教研究神学，有一很好的习惯，就是凡立一新说，必推一反对论者与之驳辩，此反对论者称做"魔的辩护士"，今天，我就做了一次"魔的辩护士"。

（本文为1934年1月11日胡适在辅仁大学的演讲，路絮笔记，原载1934年1月12、13日《华北日报》）

校勘学方法论
——序陈垣先生的《元典章校补释例》[1]

陈援庵先生（垣）在这二十多年之中，搜集了几种很可宝贵的《元典章》抄本；民国十四年故宫发现了元刻本，他和他的门人曾在民国十九年夏天用元刻本对校沈家本刻本，后来又用诸本互校，前后费时半年多，校得沈刻本讹误衍脱颠倒之处凡一万二千余条，写成《元典章校补》六卷，又补阙文三卷，改订表格一卷（民国二十年北京大学研究所国学门刊行）。《校补》刊行之后，援庵先生又从这一万二千多条错误之中，挑出一千多条，各依其所以致误之由，分别类例，写成《元典章校补释例》六卷。我和援庵先生做了几年的邻舍，得读《释例》最早，得益也最多。他知道我爱读他的书，所以要我写一篇《释例》的序。我也因为他这部书是中国校勘学的一部最重要的方法论，所以也不敢推辞。

校勘之学起于文件传写的不易避免错误。文件越古，传写的

---

[1]《元典章校补释例》六卷，新会陈垣著，中央研究院历史语言研究所专刊之一，定价二元。

次数越多，错误的机会也越多。校勘学的任务是要改正这些传写的错误，恢复一个文件的本来面目，或使它和原本相差最微。校勘学的工作有三个主要的成分：一是发现错误，二是改正，三是证明所改不误。

发现错误有主观的，有客观的。我们读一个文件，到不可解之处，或可疑之处，因此认为文字有错误，这是主观的发现错误。因几种"本子"的异同，而发现某种本子有错误，这是客观的。主观的疑难往往可以引起"本子"的搜索与比较；但读者去作者的时代既远，偶然的不解也许是由于后人不能理会作者的原意，而未必真由于传本的错误。况且错误之处未必都可以引起疑难，若必待疑难而后发现错误，而后搜求善本，正误的机会就太少了。况且传写的本子，往往经"通人"整理过；若非重要经籍，往往经人凭己意增删改削，成为文从字顺的本子了。不学的写手的本子的错误是容易发现的，"通人"整理过的传本的错误是不容易发现的。试举一个例子为证。坊间石印《聊斋文集》附有张元所作《柳泉蒲先生墓表》，其中记蒲松龄"卒年八十六"。这是"卒年七十六"之误，有《国朝山左诗抄》所引墓表，及原刻碑文可证。但我们若单读"卒年八十六"之文，而无善本可比较，决不能引起疑难，也决不能发现错误。又《山左诗抄》引这篇墓表，字句多被删节，如云：

[先生]少与同邑李希梅及余从父历友结郢中诗社。

此处无可引起疑难；但清末国学扶轮社铅印本《聊斋文集》载墓表全文，此句乃作：

与同邑李希梅及余从伯父历视友，旋结为郢中诗社。（甲本）

依此文，"历视"为从父之名，"友"为动词，"旋"为"结"之副词，文理也可通。石印本《聊斋文集》即从扶轮社本出来，但此本的编校者熟知《聊斋志异》的掌故，知道"张历友"是当时诗人，故石印本墓表此句改成下式：

与同邑李希梅及余从伯父历友亲，旋结为郢中诗社。（乙本）

最近我得墓表的拓本，此句原文是：

与同邑李希梅及余从伯父历友、视旋诸先生结为郢中诗社。（丙本）

视旋是张履庆,为张历友(笃庆)之弟,其诗见《山左诗抄》卷四十四。他的诗名不大,人多不知道"视旋"是他的表字;而"视旋"二字出于《周易·履卦》,"视履考祥,其旋元吉",很少人用这样罕见的表字。甲本校者竟连张历友也不认得,就妄倒"友视"二字,而删"诸先生"三字,是为第一次的整理。乙本校者知识更高了,他认得"张历友",而不认得"视旋",所以他把"视友"二字倒回来,而妄改"视"为"亲",用作动词,是为第二次的整理。此两本文理都可通,虽少有疑难,都可用主观的论断来解决。倘我们终不得见此碑拓本,我们终不能发现甲乙两本的真错误。这个小例子可以说明校勘学的性质。校勘的需要起于发现错误,而错误的发现必须倚靠不同本子的比较。古人称此学为"校雠",刘向《别录》说:"一人读书,校其上下得谬误,为校;一人持本,一人读书,若怨家相对,为雠。"其实单读一个本子,"校其上下",所得谬误是很有限的;必须用不同的本子对勘,"若怨家相对",一字不放过,然后可以"得谬误"。

改正错误是最难的工作。主观的改定,无论如何工巧,终不能完全服人之心。《大学》开端"在亲民",朱子改"亲"为"新",七百年来,虽有政府功令的主持,终不能塞反对者之口。校勘学所许可的改正,必须是在几个不同的本子之中,选定一个最可靠或最有理的读法。这是审查评判的工作。我所谓"最可靠"的读法,当然是最古底本的读法。如上文所引张元的聊斋墓表,乙本出于甲本，而甲本又出于丙本，丙本为原刻碑文，刻于作文之年，故最可靠。我所谓"最有理"的读法，问题就不能这样简单了。原底本既不可得，或所得原底本仍有某种无心之误（如韩非说的郢人写书而多写了"举烛"二字，如今日报馆编辑室每日收到的草稿），或所得本子都有传写之误，或竟无别本可供校勘，——在这种情形之下，改正谬误没有万全的方法。约而言之，最好的方法是排比异同各本，考订其传写的先后，取其最古而又最近理的读法，标明各种异读，并揣测其所以致误的原因。其次是无异本可互勘，或有别本而无法定其传授的次第，不得已而假定一个校者认为最近理的读法，而标明原作某，一作某，今定作某是根据何种理由。如此校改，虽不能必定恢复原文，而保守传本的真相以待后人的论定，也可以无大过了。

改定一个文件的文字，无论如何有理，必须在可能的范围之内提出证实。凡未经证实的改读，都只是假定而已，臆测而已。证实之法，最可靠的是根据最初底本，其次是最古传本，其次是最古引用本文的书。万一这三项都不可得，而本书自有义例可寻，前后互证，往往也可以定其是非，这也可算是一种证实。此外，虽有巧妙可喜的改读，只是校者某人的改读，足备一说，而不足成为定论。例如上文所举张元墓表之两处误字的改正，有原刻碑文为证，这是第一等的证实。又如《道藏》本《淮南内篇·原道训》："是故鞭噬狗，策蹄马，而欲教之，虽伊尹、造父弗能化。

欲寅之心亡于中，则饥虎可尾，何况狗马之类乎？"这里"欲寅"各本皆作"欲害"。王念孙校改为"欲宎"。他因为明刘绩本注云"古肉字"，所以推知刘本原作"宎"字，只因草书"害"字与"宎"相似，世人多见"害"，少见"宎"，故误写为"害"。这是指出所以致误之由，还算不得证实。他又举二证：（1）《吴越春秋·勾践阴谋外传》，"断竹续竹，飞土逐宎"，今本宎作害；（2）《论衡·感虚》篇，"厨门木象生肉足"，今本《风俗通义》肉作害，害亦宎之误。这都是类推的论证，因《论衡》与《吴越春秋》的"宎"误作"害"，可以类推《淮南子》也可以有同类的误写。类推之法由彼例此，可以推知某种致误的可能，而终不能断定此误必同于彼误。直到顾广圻校得宋本果作"欲宎"，然后王念孙得一古本作证，他的改读就更有力了。因为我们终不能得最初底本，又因为在义理上"欲害"之读并不逊于"欲肉"之读（《文子·道原》篇作"欲害之心忘乎中"），所以这种证实只是第二等的，不能得到十分之见。又如《淮南》同篇："上游于霄霓之野，下出于无垠之门。"王念孙校，"无垠"下有"鄂"字。他举三证：（1）《文选·西京赋》"前后无有垠鄂"的李善注："《淮南子》曰，出于无垠鄂之门。许慎曰，垠鄂，端崖也。"（2）《文选·七命》的李善注同。（3）《太平御览》地部二十："《淮南子》曰，下出乎无垠鄂之门。高诱曰，无垠鄂，无形之貌也。"这种证实，虽不得西汉底本，而可以证明许慎、高诱的底本如此读，这就可算是第一等的证实了。

所以校勘之学无处不靠善本：必须有善本互校，方才可知谬误；必须依据善本，方才可以改正谬误；必须有古本的依据，方才可以证实所改的是非。凡没有古本的依据，而仅仅推测某字与某字"形似而误"，某字"涉上下文而误"的，都是不科学的校勘。以上三步功夫，是中国与西洋校勘学者共同遵守的方法，运用有精有疏，有巧有拙，校勘学的方法终不能跳出这三步工作的范围之外。援庵先生对我说，他这部书是用"土法"的。我对他说：在校勘学上，"土法"和海外新法并没有多大的分别。所不同者，西洋印书术起于15世纪，比中国晚了六七百年，所以西洋古书的古写本保存得多，有古本可供校勘，是一长。欧洲名著往往译成各国文字，古译本也可供校勘，是二长。欧洲很早就有大学和图书馆，古本的保存比较容易，校书的人借用古本也比较容易，所以校勘之学比较普及，只算是治学的人一种不可少的工具，而不成为一二杰出的人的专门事业，这是三长。在中国则刻印书流行以后，写本多被抛弃了；四方邻国偶有古本的流传，而无古书的古译本；大学与公家藏书又都不发达，私家学者收藏有限，故工具不够用，所以一千年来，够得上科学的校勘学者，不过两三人而已。

中国校勘之学起源很早，而发达很迟。《吕氏春秋》所记"三豕涉河"的故事，已具有校勘学的基本成分。刘向、刘歆父子校书，能用政府所藏各种本子互勘，就开校雠学的风气。汉儒训注古书，往往注明异读，是一大进步。《经典释文》广收异本，遍举各家异读，可算是集古校勘学之大成。晚唐以后，刻印的书多了，古书有了定本，一般读书人往往过信刻板书，校勘之学几乎完全消灭了。

12世纪晚期，朱子斤斤争论《程氏遗书》刻本的是非；13世纪之初，周必大校刻《文苑英华》一千卷，[1]在自序中痛论"以印本易旧书，是非相乱"之失，又略论他校书的方法；彭叔夏作《文苑英华辨证》十卷，详举他们校雠的方法，清代校勘学者顾广圻称为"校雠之楷模"。彭叔夏在自序中引周必大的话：

> 校书之法，实事是正，多闻阙疑。

他自己也说：

> 叔夏年十二三时，手抄太祖皇帝实录，其间云："兴衰治□之源"，阙一字，意谓必是"治乱"。后得善本，乃作"治忽"。三折肱为良医，信知书不可以意轻改。

这都是最扼要的校勘方法论。所以我们可以说，十二三世纪之间

---

[1]"远流本"此处补有胡适按语"适按，周必大死在1204年"。——编注

是校勘学的复兴时代。

但后世校书的人，多不能有周必大那样一个退休宰相的势力来"遍求别本"，也没有他那种"实事是正，多闻阙疑"的精神，所以13世纪以后，校勘学又衰歇了。直到17世纪方以智、顾炎武诸人起来，方才有考订古书的新风气。三百年中，校勘之学成为考证学的一个重要工具。然而治此学者虽多，其中真能有自觉的方法，把这门学问建筑在一个稳固的基础之上的，也不过寥寥几个人而已。

纵观中国古来的校勘学所以不如西洋，甚至于不如日本，其原因我已说过，都因为刻书太早，古写本保存太少；又因为藏书不公开，又多经劫火，连古刻本都不容易保存。古本太缺乏了，科学的校勘学自不易发达。王念孙、段玉裁用他们过人的天才与功力，其最大成就只是一种推理的校勘学而已。推理之最精者，往往也可以补版本的不足。但校雠的本义在于用本子互勘，离开本子的搜求而费精力于推敲，终不是校勘学的正轨。我们试看日本佛教徒所印的弘教书院的《大藏经》及近年的《大正新修大藏经》的校勘工作，就可以明白推理的校勘不过是校勘学的一个支流，其用力甚勤而所得终甚微细。

陈援庵先生校《元典章》的工作，可以说是中国校勘学的第一伟大工作，也可以说是中国校勘学的第一次走上科学的路。

前乎此者，只有周必大、彭叔夏的校勘《文苑英华》差可比拟。我要指出援庵先生的《元典章校补》及《释例》有可以永久作校勘学的模范者三事：第一，他先搜求善本，最后得了元刻本，然后用元人的刻本来校元人的书；他拼得用极笨的死功夫，所以能有绝大的成绩。第二，他先用最古刻本对校，标出了所有的异文，然后用诸本互校，广求证据，定其是非，使我们得一个最好的，最近于祖本的定本。第三，他先求得了古本的根据，然后推求今本所以致误之由，作为"误例"四十二条，所以他的"例"都是已证实的通例：是校后归纳所得的说明，不是校前所假定的依据。此三事都足以前无古人，而下开来者，故我分开详说如下。

第一，援庵先生是依据同时代的刻本的校勘，所以是科学的校勘，而不是推理的校勘。沈刻《元典章》的底本，乃是间接的传抄本，沈家本跋原抄本说，"此本纸色分新旧：旧者每半页十五行，当是影抄元刻本；新者每半页十行，当是补抄者，盖别一本"。但他在跋尾又说："吾友董绶金赴日本，见是书，据称从武林丁氏假抄者。"若是从丁氏假抄的，如何可说是"影抄元刻本"呢？这样一部大书，底本既是间接又间接的了，其中又往往有整几十页的阙文，校勘的工作必须从搜求古本入手。援庵先生在这许多年中，先后得见此书的各种本子，连沈刻共有六本。我依他的记载，参以沈家本原跋，作成此书底本源流表：

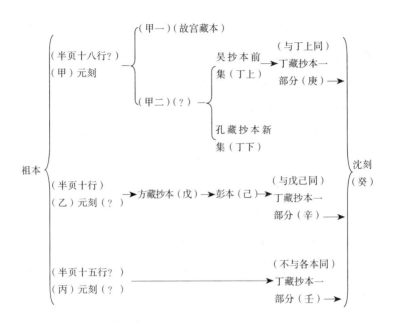

援庵先生的校补,全用故宫元刻本(甲一)作根据,用孔本(丁下)补其所阙祭祀门,又用各本互校,以补这两本的不足。因为他用一个最初的元刻本来校一部元朝的书,所以能校得一万二千条的错误,又能补得阙文一百零二页之多!试用这样伟大的成绩,比较他二十年前"无他本可校"时所"确知为讹误者若干条",其成绩的悬绝何止百倍?他在《释例》第四十三章里,称此法为"对校法",他很谦逊地说:

> 此法最简便,最稳当,纯属机械法;其主旨在校异同,

不校是非，故其短处在不负责任：虽祖本或别本有讹，亦照式录之。而其长处则在不参己见；得此校本，可知祖本或别本之本来面目。故凡校一书，均须先用对校法，然后再用其他校法。

他又指出这个法子的两大功用：

一、有非对校不知其误者，以其表面上无误可疑也。例如：

元关本钱二十定　　　　元刻作二千定
大德三年三月　　　　　元刻作五月

二、有知其误，非对校无以知为何误者。例如：
每月五十五日　　　　　元刻作每五月十五日

此外，这个对校法还有许多功用，如阙文，如错简，如倒叶，如不经见的人名地名或不经见的古字俗字，均非对校无从猜想。故用善本对校是校勘学的灵魂，是校勘学的惟一途径。向来学者无力求善本，又往往不屑作此种"机械"的笨工作，所以校勘学至今不曾走上科学的轨道。援庵先生和他的几位朋友费了八十日的苦工，从那机械的对校里得着空前的大收获，使人知道校书"必须先用对校法"，这是他奠定新校勘学的第一大功。

第二，他用无数最具体的例子来教我们一个校勘学的根本方法，就是先求得底本的异同，然后考订其是非。是非是异文的是非，没有异文，哪有是非？向来中国校勘学者，往往先举改读之文，次推想其致误之由，最后始举古本或古书引文为证。这是不很忠实的记载，并且可以迷误后学。其实真正校书的人往往是先见古书的异文，然后定其是非；他们偏要倒果为因，先列己说，然后引古本异文为证，好像是先有了巧妙的猜测，而忽得古本作印证似的！所以初学的人，看惯了这样的推理，也就以为校勘之事是应该先去猜想而后去求印证的了！所以我们可以说，古来许多校勘学者的著作，其最高者如王念孙、王引之的，也只是教人推理的法门，而不是校书的正轨；其下焉者，只能引学者走上舍版本而空谈校勘的迷途而已。校勘学的不发达，这种迷误至少要负一部分的责任。援庵先生的《校补》，完全不用这种方法，他只根据最古本，正其误，补其阙；其元刻误而沈刻不误者，一概不校；其有是非不易决定者，姑仍其旧。他的目的在于恢复这书的元刻本本来面目，而不在于炫示他的推理的精巧。至于如何定其是非，那是无从说起的。他的一部《释例》，只是对我们说：要懂得元朝的书，必须多懂得元朝的特殊的制度、习俗、语言、文字。这就是说，要懂得一个时代的书，必须多懂得那个时代的制度、习俗、语言、文字。那是个人的学问知识的问题，不是校勘学本身的问题。校勘的工作只是严密的依据古本，充分地用我们所用的知识学问来决定那些偶有疑问的异文的是非，要使校订的新本子至少可以比得上原来的本子，甚至于比原来的刻本还更好一点。如此而已！援庵先生的工作，不但使我们得见《元典章》的元刻本的本来面目，还参酌各本，用他的渊博的元史知识，使我们得着一部比元刻本更完好的《元典章》。这是新校勘学的第一大贡献。

第三，援庵先生的四十二条"例"，也是新校勘学的工具，而不是旧校勘学的校例。校勘学的"例"只是最普通的致误之由。校书所以能有通例，是因为文件的误写都由写人的无心之误，或有心之误；无心之误起于感官（尤其是视官）的错觉；有心之误起于有意改善一个本子而学识不够，就以不误为误。这都是心理的现象，都可以有心理的普通解释，所以往往可以归纳成一些普通致误的原因，如"形似而误""涉上文而误""两字误为一字""一字误分作两字""误收旁注文"等等。彭叔夏作《文苑英华辨证》，已开校例之端。王念孙《读淮南内篇》的第二十二卷，是他的自序，[1]"推其致误之由"，[2]列举普通误例四十四条，又因误而失韵之例十八条，逐条引《淮南子》的误文作例子。后来俞樾作《古书疑义举例》，其末三卷里也有三十多条校勘的误例，逐条引古

---

[1] "远流本"此处补有"作于嘉庆二十年乙亥（1815）"一语。——编注
[2] "远流本"此处补有"则传写讹脱者半，冯意妄改者亦半也"一语。——编注

书的误文作例子。俞樾在校勘学上的成绩本来不很高明,所以他的"误例"颇有些是靠不住的,而他举的例子也往往是很不可靠的。例如他的第一条"两字义同而衍例",就不成一条通例,因为写者偶收旁注同义之字,因而误衍,或者有之;而无故误衍同义之字,是很少见的。他举的例子,如硬删《周易·履》六三"跛能履,不足以与行也"的"以"字;如硬删《左传》隐元年"有文在其手曰为鲁夫人"的"曰"字;如硬删《老子》六十八章"是谓配天古之极"的"天"字,都毫无底本的根据,硬断为"两字义同而衍",都是臆改古书,不足为校勘学的误例。王念孙的六十多条"误例",比俞樾的高明多了。他先校正了《淮南子》九百余条,然后从他们归纳出六十几条通例,故大体上都还站得住。但王念孙的误例,分类太细碎,是一可议;《淮南》是古书,古本太少,王氏所校颇多推理的校勘,而不全有古书引文的依据,是二可议;论字则草书隶书篆文杂用,论韵则所谓"古韵部"本不是严格的依据,是三可议。校勘的依据太薄弱了,归纳出来的"误例"也就不能完全得人的信仰。

所谓"误例",不过是指出一些容易致误的路子,可以帮助解释某字何以讹成某字,而绝对不够证明某字必须改作某字。前人校书,往往引一个同类的例子,称为"例证",是大错误。俞樾自序《古书疑义举例》,说:"使童蒙之子习知其例,有所据依,或亦读书之一助乎?"这正是旧日校勘家的大病。例不是证,不够用作"据依"。而浅人校书随意改字，全无版本的根据，开口即是"形似而误"，"声近而误"，"涉上文而误"，好像这些通常误例就可证实他们的臆改似的！中国校勘学所以不上轨道，多由于校勘学者不明"例"的性质，误认一个个体的事例为有普遍必然性的律例，所以他们不肯去搜求版本的真依据，而仅仅会滥用"误例"的假依据。

援庵先生的《释例》所以超越前人，约有四端：第一，他的校改是依据最古刻本的，误是真误，故他的"误例"是已证实了的误例。第二，他是用最古本校书，而不是用"误例"校书；他的"误例"是用来"疏释"已校改的谬误的。第三，他明明白白地说他的校法只有四个，此外别无用何种"误例"来校书的懒法子。第四，他明说这些"误例"不过是用来指示"一代语言特例，并古籍窜乱通弊"。他所举的古书窜乱通弊不过那最普通的七条（十二至十八），而全书的绝大部分，自第十九例以下，全是元代语言特例，最可以提醒我们，使我们深刻地了解一代有一代的语言习惯，不可凭借私见浅识来妄解或妄改古书。他这部书的教训，依我看来，只是要我们明白校勘学的最可靠的依据全在最古的底本；凡版本不能完全解决的疑难，只有最渊博的史识可以帮助解决。书中论"他校法"一条所举"纳失失"及"竹忽"两例是最可以供我们玩味的。

我们庆贺援庵先生校补《元典章》的大工作的完成，因为我们承认他这件工作是"土法"校书的最大成功,也就是新的中国校勘学的最大成功。

二十三,十,八

（原载 1934 年《国学季刊》第 4 卷第 3 号,又收入 1934 年 10 月出版的陈垣《元典章校补释例》）

考据学的责任与方法

历史的考据是用证据来考订过去的事实。史学家用证据考订事实的有无、真伪、是非，与侦探访案，法官断狱，责任的严重相同，方法的谨严也应该相同。这一点，古人也曾见到。朱子曾说："看文字须如法官深刻，方穷究得尽。"朱子少年举进士，曾做四年同安县主簿，他常常用判断狱讼的事来比喻读书穷理，例如他说：

> 向来熹在某处，有讼田者，契数十本，中间一段作伪，自崇宁政和间，至今不决。将正契及公案藏匿，皆不可考。熹只索四畔众契，比验前后所断，情伪更不能逃者。穷理穷只如此。

他又说：

> 学者观书，……大概病在执着，不肯放下。正如听讼，先有主张乙底意思，便只寻甲的不是，先有主张甲的意思，

便只见乙底不是。不若姑置甲乙之说，徐徐观之，方能辩其曲直。

在朱子的时代，有一位有名的考据学者，同时也是有名的判断疑狱的好手，他就是《云谷杂记》的作者张淏，字清源。《云谷杂记》有杨楫的一篇跋，其中说：

> 嘉定庚午（1210，朱子死后十年），予假守龙舒，始识张君清源，……其于书传间辩正讹谬，旁证远引，博而且确。……会旁郡有讼析赀者，几二十年不决。部使者下之郡，予因以属之，清源一阅文牍，曰："得之矣。"即呼二人叩之。甲曰："绍兴十三年，从兄尝鬻祖产，得银帛楮券若干，悉辇而商，且书约，期他日复置如初。兄后以其资买田于淮，不复归。今兄虽亡，元约固存，于法当析。"乙曰："父存而叔未尝及此，父死之后，忽称为约，实为不可。"清源呼甲至，谓之曰："按国史，绍兴三十年后方用楮币，不应十三年汝家已预有若干。汝约伪矣。"甲不能对，其讼遂决。

杨楫跋中又记张淏判决的另一案：

> 又有讼田者，余五十年，屡置对而不得其理。清源验其

券，乃政和五年龙舒民与陶龙图者为市，因讯之曰："此呼龙图者谓何人？"曰："祖父也。"清源曰："政和三年五甲登第，于法不过簿尉耳，不应越二年已呼龙图。此券绍兴间伪为以诬人，尚何言哉？"其人遂俯伏，众皆骇叹。

朱子的话和杨楫的跋都可以表示十二三世纪的中国学术界里颇有人把考证书传讹谬和判断疑难狱讼看作同一样的本领，同样的用证据来断定了一件过去的事实的是非真伪。

唐宋的进士登第后，大多数分发到各县去做主簿县尉，使他们都可得着判断狱讼的训练。程子（颢）朱子都在登进士第后做过主簿。聪明的人、心思细密的人，往往可以从这种簿书狱讼的经验里得着读书治学的方法，也往往可以用读书治学的经验来帮助听讼折狱。因为这两种工作都得用证据来判断事情。

读书穷理方法论是小程子建立的，是朱子极力提倡的。小程子虽然没有中进士，不曾有过听讼折狱的经验，然而他写他父亲程珦的家传，哥哥程颢的行状和"家世旧事"，都特别记载他家两代判断疑狱的故事。他记大程子在鄠县主簿任内判决窖钱一案，方法与张淏判的楮币案相同；又记载大程子宰晋城时判决冒充父亲一案，方法与张淏判的陶龙图案相同。读书穷理的哲学出于善断疑狱的程氏家庭，似乎不是偶然的。

中国考证学的风气的发生，远在实验科学发达之前。我常推想，两汉以下文人出身做亲民之官，必须料理民间诉讼，这种听讼折狱的经验是养成考证方法的最好训练。试看考证学者常用的名词，如"证据""左证""左验""勘验""推勘""比勘""质证""断案""案验"都是法官听讼常用的名词，都可以指示考证学与刑名讼狱的历史关系。所以我相信文人审判狱讼的经验大概是考证学的一个比较重要的来源。

无论这般历史渊源是否正确，我相信考证学在今日还应该充分参考法庭判案的证据法。狱讼最关系人民的财产生命，故向来读书人都很看重这种责任。如朱子说的：

> 天下事最大而不可轻者，无过于兵刑。……狱讼面前分晓事易看。其情伪难通，或旁无左证，各执两说，系人性命处，须吃紧思量，或疑有误也。

我读乾隆嘉庆时期有名的法律家汪辉祖的遗书，看他一生办理诉讼，真能存十分敬慎的态度。他说："办案之法，不惟入罪宜慎，即出罪亦宜慎。"他一生做幕做官，都尽力做到这"慎"字。

但是文人做历史考据，往往没有这种敬慎的态度，往往不肯把是非真伪的考证看作朱子说的"系人性命处，须吃紧思量"。因为文人看轻考据的责任，所以他们往往不能严格地审查证据，也往往不能敬慎地运用证据。证据不能敬慎地使用，则结论往往和证据不相干。这种考据，尽管堆上百十条所谓"证据"，只是全无价值的考据。

近百年中，号称考证学风气流行的时代，文人轻谈考据，不存敬慎的态度，往往轻用考证的工具，造成诬枉古人的流言。有人说，戴东原偷窃赵东潜（一清）的《水经注释》。又有人说，戴东原偷窃全谢山的校本。有人说，马国翰的《玉函山房辑佚书》是偷窃章宗源的原稿。又有人说，严可均《全上古三代秦汉三国两晋六朝文》是攘夺孙星衍的原稿。

说某人作贼，是一件很严重的刑事控诉。为什么这些文人会这样轻率地对于已死不能答辩的古人提出这样严重的控诉呢？我想来想去，只有一个答案：根本原因在于中国考证学还缺乏自觉的任务与自觉的方法。任务不自觉，所以考证学者不感觉他考订史实是一件最严重的任务，是为千秋百世考订历史是非真伪的大责任。方法不自觉，所以考证学者不能发觉自己的错误，也不能评判自己的错误。

做考证的人，至少要明白他的任务有法官断狱同样的严重，他的方法也必须有法官断狱同样的谨严，同样的审慎。

近代国家"证据法"的发达，大致都是由于允许两造辩护人各有权可以驳斥对方提出的证据。因为有对方的驳斥，故假证据与不相干的证据都不容易成立。

考证学者闭门做历史考据，没有一个对方辩护人站在面前驳斥他提出的证据,所以他往往不肯严格地审查他的证据是否可靠,也往往不肯敬慎地考问他的证据是否关切,是否相干。考证方法所以远不如法官判案的谨严,主要原因正在缺乏一个自觉的驳斥自己的标准。

所以我提议,凡做考证的人,必须建立两个驳问自己的标准:第一要问,我提出的证人证物本身可靠吗?这个证人有作证的资格吗?这件证物本身没有问题吗?第二要问,我提出这个证据的目的是要证明本题的哪一点?这个证据足够证明那一点吗?

第一个驳问是要审查某种证据的真实性。第二个驳问是要扣紧证据对本题的相干性。

我试举一例。这一百年来,控诉戴东原偷窃赵东潜《水经注》校本的许多考证学者,从张穆、魏源到我们平日敬爱的王国维、孟森,总爱提出戴东原"背师"的罪状,作为一个证据。例如魏源说:

> 戴为婺源江永门人,凡六书三礼九数之学,无一不受诸江氏。及戴名既盛,凡己书中称引师说,但称为同里老儒江慎修,而不称师说,亦不称先生。

又如王国维说:

> 其（东原）平生学说出于江慎修。……其于江氏亦未尝笃"在三"之谊，但呼之曰婺源老儒江慎修而已。

我曾遍检现存的戴东原遗著（微波榭刻本与安徽丛书本），见他每次引江慎修的话，必称江先生。计有：

《经考》引江说五次，四次称江慎斋先生，一次称江先生。

《经考》附录引一次，称江慎斋先生。

《屈原赋注》引四次，称江先生。

《考工记图》引三次，称江先生。

《顾氏音论跋》引一次，称江先生。

《答段若膺论韵》称江慎修先生一次，称江先生凡八次。

总计东原引慎修，凡称"先生"二十二次。其中《经考》《考工记图》《屈原赋注》，都是少年之作；《答段若膺论韵》则是东原五十四岁之作，次年他就死了。故东原从少年到临死前一年，凡称引师说，必称先生。

至于"老儒江慎修"一句话，我也曾审查过。东原在两篇古韵分部的小史里——一篇是《声韵考》的古音一卷，一篇是《六书音均表序》——叙述郑庠以下三个人的大贡献，有这样说法：

> 郑庠分六部。
>
> 近昆山顾炎武……列十部。

> 吾郡老儒江慎修永……列十有三部。

这两篇古音小史里，郑庠、顾炎武都直称姓名，而江永则特别称"吾郡老儒江慎修永"，这是表示敬重老师不敢称名之意，读者当然可以明了。

故魏源、王国维提出的证据，一经审查，都是无根据的谣言，都没有作证据的资格。既没有作证据的资格，我们当然不再问这件证据足够证明《水经注》疑案的那一点了。

我再举一个例子。杨守敬在他的《水经注疏要删》里，曾举出十几条戴氏袭赵氏的"确证"，其中有一条是这样的：朱谋㙔的《水经注笺》卷七，《济水篇》注文引：

> 《穆天子传》曰甲辰天子浮于荥水。

赵氏《水经注释》的各本都把"甲辰"改作"甲寅"，勘误说：

> 甲辰，一清按《穆天子传》是甲寅。

戴氏两种校本也都改作"甲寅"。杨守敬提出这条作为戴袭赵之证，他说：

> 原书本作甲辰。赵氏所据何本误以为甲寅,戴氏竟据改之(《要删》七,叶九)

杨氏所谓"原书"是指《穆天子传》。天一阁本,汉魏丛书本,与今日通行本《穆天子传》,此句都作甲辰。赵东潜说他依据《穆天子传》作甲寅,是他偶然误记了来源。杨守敬说"原书本作甲辰",是不错的。

但杨守敬用这条证据来证明赵氏先错了而戴氏跟着错,故是戴袭赵之证,那就是杨守敬不曾比勘《水经注》古本,闹出笑话来了。这两个字的版本沿革史,如下表:

残宋本作	甲寅	《永乐大典》作	甲寅
黄省曾本作	甲寅	吴琯本改作	甲辰
朱谋㙔本作	甲辰	赵一清本改	甲寅
戴震本改	甲寅		

古本都作甲寅,吴琯本始依《穆天子传》改作甲辰,朱本从吴本也作甲辰。赵氏又依古本(黄本或孙潜本)改回作甲寅。戴氏依大典本改回作甲寅。

杨守敬所见《水经注》的版本太少了,他没有见朱谋㙔以前的各种古本,脑子里先存了"戴袭赵"的成见,正如朱子说的"先有主张乙底意思,便只寻甲的不是"。他完全不懂得《水经注》问题本来是个校勘学的问题,两个学者分头校勘同一部书,结果当然有百分之九十九以上相同。相同是最平常的事,本不成问题,更不成证据。

杨守敬在他的《凡例》里曾说:

> 若以赵氏所见之书,戴氏皆能读之,冥符合契,情理宜然。然谓事同道合,容有一二。岂有盈千累百,如出一口?

这句话最可以表示杨守敬完全不懂得校勘学的性质。校勘学是机械的工作。只有极少数问题没有古本书可供比勘,故须用推理。绝大多数的校勘总是依据古本与原书所引的古书。如果赵、戴两公校订一部三十多万字的《水经注》而没有"盈千累百"的相同,那才是最可惊异的怪事哩!

即如上文所举"甲寅"两字的版本沿革,都是校勘学最平常的事,岂可用来作谁偷谁的证据!

我举出这两个例子来表示一班有名的学者怎样轻视考证学的任务,怎样滥用考证学的方法。我最后要举一个极端的例子来做这篇文字的结束。《水经注》卷二十四,《瓠子河》篇有一段文字,前面叙旧东河径濮阳城东北,下文忽然接着说"春秋僖公十三年夏会于咸"。凡熟于《水经注》文字体例的人,都知道这两节之间必有脱文,故赵戴两本都在"春秋"上校增"又东,径咸城南"六字,赵氏勘误之:

> 又东径咸城南六字，全氏曰，以先司空公本校增。

杨守敬论此条说：

> 此非别有据本，以下文照之，固当有此六字。此戴袭全之证。(《要删》二十四，叶七)

他既说这六字的校增不必有本子的根据，只看下文，即知"固当有此六字"，则是无论谁校《水经注》，都会增此六字了。为什么独不许戴东原校增此六字呢？为什么这六字可以用作戴氏袭全氏的证据呢？

用证据考订一件过去的事情，是历史考证。用证据判断某人有罪，是法家断狱。杨守敬号称考证学者，号称"妙悟若百诗，笃实若竹汀，博辨若大可"，却这样滥用考证学的方法，用全无根据的证据来诬枉古人作贼。考证学堕落到这地步，岂不可叹！

我们试看中国旧式法家汪辉祖自述他办理讼案是如何敬慎。他说：

> 罪从供定。犯供（犯人自己的供状）最关紧要。然五听之法，辞只一端。且录供之吏难保一无上下其手之弊。据供定罪，尚恐未真（注）。余在幕中，凡犯应徒罪以上者，主

人庭讯时,余必于堂后凝神细听。供稍勉强,即属主人复讯。常戒主人不得性急用刑。往往有讯至四五次及八九次者。疑心属讯,不顾主人畏难;每讯必听,余亦不敢惮烦也。(《续佐治药言》,"草供未可全信"条)

被告自己的供状,尚且未可据供定罪,有疑必复讯,不敢惮烦。我们做历史考证的人,必须学这种敬慎不苟且的精神,才配担负为千秋百世考订史实的是非真伪的大责任。

三十五年,十,六,北平东厂胡同

(注)汪辉祖举的"据供定罪,尚恐未真"的实例:

乾隆壬午年(1762)八月,馆平湖令刘君冰斋署。会孝丰县民蒋氏行舟被劫,通详缉捕。封印后,余还里度岁。而平湖有回籍逃军曰盛大者,以纠匪抢夺被获,讯为孝丰劫案正盗。冰斋迓余至馆,检阅草供。凡起意纠伙、上盗伤主、劫赃俵分各条,无不毕具。居然"盗"也。且已起有蓝布棉被,经事主认确矣。当晚嘱冰斋复勘,余从堂后听之。一一输供,无惧色。顾供出犯口,熟滑如背书然。且首伙八人,无一语参差者。心窃疑之。次晚复嘱冰斋为增减案情,隔别再讯。则或认，或不认，八人者各各歧异。至有号呼诉枉者。遂止不讯。而令库书依事主所认布被颜色新旧，借购二十余条，余私为记别。杂以事主原认之被，嘱冰斋当堂令事主辨认！于是提各犯研鞫，佥不承认。

细诘其故。盖盛大被获之初，自意逃军犯抢，更无生理，故讯及孝丰劫案，信口妄承，而其徒皆附和之。实则棉被为己物，裁制有人。即其（抢夺）本案亦不至于死也。遂脱之。

越二年，冰斋保举知府，入京引见。而此案正盗由元和县发觉，传事主认赃。冰斋回任，赴苏会审定案（适按：平湖县属浙江嘉兴府，孝丰县属浙江湖州府，元和县属江苏苏州府，故刘君须赴苏会审）。

初余欲脱盛大时，阖署哗然，谓余枉法曲纵，不顾主人考成。余闻之，辞冰斋，冰斋弗听。余曰："必欲余留任者，非脱盛大不可。且失赃甚多，而以一疑似之布被骈戮数人，非惟吾不忍，……为君计亦恐有他日累也。"至是，冰斋语余曰："曩者君力脱盛大，君何神耶！"……余自此益不敢以草供为据矣。（《续佐治药言》，叶四至六。参用《病榻梦痕录》乾隆廿八年此案，文字稍有删改，使人易晓。）

这篇《考据学的责任与方法》，是民国三十五年写的。今年我重读一遍，觉得还可以收存。我当时因为汪辉祖举例的文字太长,没有全抄。现在我觉得这位刑名大家的"据供定罪,当恐未真"一条大原则真是中国证据法一个重要理论,而这个大原则是需要举例说明的,所以我全抄汪先生举的一件案子的文字,作为一条小注(平湖知县刘冰斋,名国烜,奉天人)。

1960 年 12 月 28 日夜　胡适记

(原载 1946 年 10 月 16 日上海《大公报·文史周刊》第 1 期,又载 1961 年 3 月 16 日台北《民主潮》第 11 卷第 6 期)

卷六 论学书简

做人与读书
——致胡祖望[1]（1929年8月26日）

祖望：

你这么小小年纪，就离开家庭，你妈和我都很难过。但我们为你想，离开家庭是最好办法。第一使你操练独立的生活；第二使你操练合群的生活；第三使你自己感觉用功的必要。

自己能照应自己，服事自己，这是独立的生活。饮食要自己照管，冷暖要自己知道。最要紧的是做事要自己负责任。你功课做得好，是你自己的光荣；你做错了事，学堂记你的过，惩罚你，是你自己的羞耻。做得好，是你自己负责任。做得不好，也是你自己负责任。这是你自己独立做人的第一天，你要凡事小心。

你现在要和几百人同学了，不能不想想怎么样才可以同别人合得来。人同人相处，这是合群的生活。你要做自己的事，但不可妨害别人的事。你要爱护自己，但不可妨害别人。能帮助别人，须要尽力帮助人，但不可帮助别人做坏事。如帮人作弊，帮人犯规则，都是帮人做坏事，千万不可做。

---

[1] 胡祖望（1919—2005），胡适的长子，时去苏州读书。

合群有一条基本规则，就是时时要替别人想想，时时要想想"假使我做了他，我应该怎样？""我受不了的，他受得了吗？我不愿意的，他愿意吗？"你能这样想，便是好孩子。

你不是笨人，功课应该做得好。但你要知道世上比你聪明的人多得很。你若不用功，成绩一定落后。功课及格，那算什么？在一班要赶在一班的最高一排。在一校要赶在一校的最高一排。功课要考最优等，品行要列最优等，做人要做最上等的人，这才是有志气的孩子。但志气要放在心里，要放在工夫里，千万不可放在嘴上，千万不可摆在脸上。无论你志气怎样高，对人切不可骄傲。无论你成绩怎么好，待人总要谦虚和气。你越谦虚和气，人家越敬你爱你。你越骄傲，人家越恨你，越瞧不起你。

儿子，你不在家中，我们时时想念你，你自己要保重身体。你是徽州人，要记得"徽州朝奉，自己保重"。

你要记得下面的几件事：

（1）不要买摊头上的食物，微生物可怕！

（2）不要喝生水冷水，微生物可怕！

（3）不要贪凉。身体受了寒冷，如同水冰了不流，如同汽车上汽油冻住了汽车便开不动。许多病是这样来的。

（4）有病赶快寻医生。头痛是发热的表示，赶快试验温度表（寒暑表），看看有无热度。

（5）两脚走路觉得吃力时，赶快请医生验看，怕是脚气病。

脚气病是学堂里常有的,最可怕,最危险。

（6）学校饮食里的滋养料不够,故每日早起须吃麦精一匙。可试用麦精代替糖浆,涂在面包上吃吃看。

这几条都是很要紧的,千万不要忘记。

你寄信给我们,也须编号数,用一本簿子记上,如下式：

家信　　苏州第一号　　×月××日寄

　　　　苏州第二号　　×月××日寄

你收的家信,也记在簿上：

爸爸　　苏州第一号　　八月廿七日收

爸爸　　苏州第二号　　×月××日收

妈妈　　　第三号　　　×月××日收

儿子,不要忘记我们,我们不会忘记你。努力做一个好孩子。

爸爸　十八年八月廿六夜

（《胡适遗稿及秘藏书信》第 21 册）

要"小题大做"
——复吴晗（1931年9月12日）

春晗同学：

你的信使我很高兴。蒋（廷黻）、张（子高）诸公之厚意最可感谢，甚盼你见他们时为我道谢。

蒋先生期望你治明史，这是一个最好的劝告。秦、汉时代材料太少，不是初学所能整理，可让成熟的学者去工作。材料少则有许多地方须用大胆的假设，而证实甚难。非有丰富的经验，最精密的方法，不能有功。

晚代历史，材料较多，初看去似甚难，其实较易整理，因为处处脚踏实地，但肯勤劳，自然有功。凡立一说，进一解，皆容易证实，最可以训练方法。

你问的几项，大致可以解答如下：

① 应先细细点读《明史》；同时读《明史纪事本末》一遍或两遍，《实录》可在读《明史》后用来对勘，此是初步工作。于史传中之重要人的姓名、字、号、籍贯、谥法，随笔记出，列一表备查，将来读文集杂记等书便不感觉困难。读文集中之碑传，亦须用此法。

② 满洲未入关以前的历史，有人专门研究，可先看孟森（心史）《清开国史》（商务）一类的书。你此时暂不必关心。此是另一专门之学。谢国桢君有此时期史料考，已由北平图书馆出版。（孟心史现在北大。）

③ 已读得一代史之后，可以试作"专题研究"之小论文（Monographs），题目越小越好，要在"小题大做"，可以得训练。千万不可作大题目。

④ 札记最有用。逐条必须注明卷册页数，引用时可以复检。许多好"专题研究"，皆是札记的结果。

⑤ 明代外人记载尚少，但如"倭寇问题"、西洋通商问题、南洋问题、耶稣会教士东来问题，皆有日本及西洋著述，可资参考。蒋廷黻先生必能指导你，我是全外行。

以上匆匆答复定不能满意。

胡适　二十，九，十二

请你记得：治明史不是要你做一部新明史，只是要你训练自己作一个能整理明代史料的学者。你不要误会蒋先生劝告的意思。

（《胡适之先生年谱长编初稿》第 3 册）

只有真话可使这个民族独立自主

——答陶希圣（1935年6月12日）

希圣兄：

今天得手书，十分感动。十几天之中，我很感受刺激，头发白了许多，今天得来信，可说是近日的最大安慰。

民族抬头，我岂不想？来信所说的吾辈负的教育责任，我岂不明白？但我们教人信仰一个思想，必须自己确信仰它，然后说来有力，说来动听。若自己不能信仰，而但为教育手段计，不能不说违心之言，自弃其信仰而求人信仰他自己本来不信仰的东西，我不信这个方法是可以收效的。依古人的说法，修辞立其诚，未有不诚而能使人信从的。如来书说的，"自责"在学术界是应当的，但在教育上则又不应当"自责"而应当自吹：这是一个两面标准（double standard），我不能认为最妥当的办法。至少我的训练使我不能接受这样一个两面标准。

我不信这样违心的"教育"手段能使这个民族抬头。我们今日所以不能抬头，当然是因为祖宗罪孽深重。我深信救国之法在于深自谴责，深自忏悔，深自愧耻。自责的结果，也许有一个深自振拔而淘除旧污，创造新国的日子。朱子说的"知道如此是病，即便不如此是药",真是我们今日应该深刻想想的。若妄自夸大,本无可夸而偏要违心的自夸,那岂不是讳疾而忌医的笨法子吗?结果只能使这个民族格外抬不起头来,也许永远抬不起头来。

一个民族的思想领袖者没有承认事实的勇气,而公然提倡他们自己良心上或"学术"上不信仰的假话,——即此一端,至少使我个人抬不起头来看世界。

"只有真理可以使你自由"(Only the truth can make you free),这是西洋人常说的话。我也可以说:只有真话可使这个民族独立自主。你试看看这三十五年的历史,是梁任公、胡适之的自责主义发生了社会改革的影响大呢,还是那些高谈国粹的人们发生的影响大呢?

我并不否认文化在过去确有"国界"。小脚、八股、骈文、律诗等等,是全世界人类所无而为吾国所独有。"国界"之义不过如此,其余礼义廉耻云云,绝无"国界"可言,乃是文明人所共有,乃是一切宗教典籍所共有。而我们的礼义廉耻等等所以特别不发达者,其原因也正是由于祖宗的罪孽太深重了。

请你注意我们提倡自责的人并非不爱国,也并非反民族主义者。我们只不是狭义的民族主义者而已。我们正因为爱国太深,故决心为她作诤臣,作诤友,而不敢也不忍为她讳疾忌医,作她的佞臣损友。

这个问题比思想方法的问题有同样的重要。这是一个思想家立身行己的人格问题:说真话乎?不说真话乎?

因你提出此双重标准,故我诚恳地写此长信。说话仍有过火之处,千万请你原谅。

匆匆问安。

适之 二十四,六,十二夜

(《胡适之先生年谱长编初稿》第4册)

文字不可轻作

——致罗尔纲（1936年6月23日）

尔纲：

我在《史学》（《中央日报》）第十一期上看见你的《清代士大夫好利风气的由来》，很想写几句话给你。

这种文章是做不得的。这个题目根本就不能成立。管同、郭嵩焘诸人可以随口乱道，他们是旧式文人，可以"西汉务利、东汉务名、唐人务利、宋人务名"一类的胡说。我们做新式史学的人，切不可这样胡乱作概括论断。西汉务利，有何根据？东汉务名，有何根据？前人但见东汉有党锢、清议等风气，就妄下断语以为东汉重气节。然卖官鬻爵之制，东汉何尝没有？"铜臭"之故事，岂就忘之？

名利之求，何代无之？后世无人作"货殖传"，然岂可就说后代无陶朱、猗顿了吗？西汉无太学清议，唐与元亦无太学党锢，然岂可谓西汉、唐、元之人不务名耶？

要知杨继盛、高攀龙诸人固然是士大夫，严嵩、严世蕃、董其昌诸人以及那无数歌颂魏忠贤的人，独非"士大夫"乎？

凡清议最激昂的时代，往往恰是政治最贪污的时代，我们不能说东林代表明代士大夫，而魏忠贤门下的无数干儿子孙子就不代表士大夫了。

明代官绅之贪污，稍治史者多知之。贫士一旦中进士，则奸人滑吏纷纷来投靠，土地田宅皆可包庇抗税，"士大夫"恬然视为故常，不以为怪。务利固不自清代始也。

你常作文字，固是好训练，但文字不可轻作，太轻易了就流为"滑"，流为"苟且"。

我近年教人，只有一句话："有几分证据，说几分话。"有一分证据只可说一分话。有三分证据，然后可说三分。治史者可以作大胆的假设，然而决不可作无证据的概论也。

又在《益世报·史学》二十九期见"幼梧"之《金石萃编唐碑补订偶记》，似是你作的？此种文字可以作，作此种文字就是训练。

偶尔冲动，哓哓至几百字，幸勿见怪。

（罗尔纲《师门五年记》页四二～四四）

龟兔之喻
——致吴健雄（1936年10月30日）

健雄女士：

昨夜在马宅相见，颇出意外，使我十分高兴。

今日下午船竟不开，晚间得消息，似此次罢工也许要延长扩大；同行旅客有赶往Vancouver改乘Canadian汽船回国的，我则九十二日劳顿之余，颇感疲乏，行李又有一部分已上胡佛船了，故决定留此等待两三天再说。

此次在海外见着你，知道抱着很大的求学决心，我很高兴。昨夜我们乱谈的话，其中实有经验之谈，值得留意。凡治学问，功力之外，还需要天才。龟兔之喻，是勉励中人以下之语，也是警惕天才之语，有兔子的天才，加上乌龟的功力，定可无敌于一世，仅有功力，可无大过，而未必有大成功。

你是很聪明的人，千万珍重自爱，将来成就未可限量。这还不是我要对你说的话。我要对你说的是希望你能利用你的海外住留期间，多留意此邦文物，多读文史的书，多读其他科学，使胸襟阔大，使见解高明。我不是要引诱你"改行"回到文史路上来；我是要你做一个博学的人。前几天，我在Pasadena见着Dr.

Robert A.（原误作 M.）Milhkan。他带我去参观各种研究室，他在 Geretics 研究室中指示室中各种工作，也"如数家珍"，使我心里赞叹。凡第一流的科学家，都是极渊博的人，取精而用弘，由博而反约，故能有大成功。

国内科学界的几个老的领袖，如丁在君、翁咏霓，都是博览的人，故他们的领袖地位不限于地质学一门。后起的科学家都往往不能有此渊博，恐只能守成规，而不能创业拓地。

以此相期许，你不笑我多管闲事吗？匆匆祝你平安。

胡适　一九三六，十，三十

（《胡适之先生年谱长编初稿》第 4 册）

学术工作的"为人"与"为己"
——致王重民（1943年5月30日）

有三兄：

谢谢你廿八日的信。

我的序文能使"人人喜悦"，我很高兴。恒先生的自序，措辞很谦抑，是学者作风。我若不说几句公道的赞扬的话，将来作书评的人必将吹毛求疵，以抑人为高。如此则八九年苦功将受埋没了。以后谁还敢花十几万金元，招集四五十学人来做这种学术合作呢？

这种学术合作事业，最重要的条件还不在金钱，而在领袖者能与人合作，使人人能尽其所长，使人人各自负责任，即是人人各自负其功过。

你试看冯家升、王毓铨两兄的领袖 Wittfogel 的待遇同事的态度，对合作事业的态度，就可以知道"名人传记"的成绩不是偶然的。恒先生必有大过人的领袖风度，始能有此成绩也。

我在序文里引你那句话，不无微意。我要恒先生与其他同事都知道你赞许这工作也。

学术的工作有"为人"与"为己"两方面，此人所共知。其实这个区别甚不可靠。凡学术的训练方面皆是"为己";至于把自己的心得公开告人,才可以说是"为人"。今人以为做索引,编辞典,计算长历,校勘文字,编纂统计或图表,……是"为人"的学问(如陈援庵先生常说他的工作是"为人"的工作)。这是错的。此种工作皆是训练自己的作工本事,皆是"为己"的工夫。王荆公有《杨墨》一篇说得最好:

> 为人,学者之末也。是以学者之事必先为己。其为己有余,而天下之势可以为人矣,则不可以不为人。故学者之学也,始不在于为人,而卒所以能为人也。

你信上说的"铢积寸累,由少成多,即是本分以内之成功",即是我说的"为己"之学,是做学问的根本途径。这是治学的最可乐的部分。正因为此皆是训练自己,故事事求精,求完善,苛求无厌,终不自觉满意。等到你自己认为勉强满意了,把结果公开于世,使世人同享受我自己辛苦得来的一点成绩,使人人因我的辛苦而减少他们的辛苦,这就是"为人"。并不须"著为论说,以期有影响于当世",才是"为人"。吾兄正不必太谦,更不可菲薄"铢积寸累"的"为己"工夫。

《三朝名臣言行录》(卷十二,页三〇五)记刘安世自述初登第时与两个同年去谒李若谷参政。三人同请教,李曰:"若谷

学术工作的"为人"与"为己"

自守官以来,常持四字,曰'勤,谨,和,缓'。"我十年前曾借用此四字来讲治学方法。勤即是来书说的"眼勤手勤",此是治学成败第一关头。凡能勤的,无论识小识大,都可有所成就。谨即是不苟且,一点一笔不放过,一丝一毫不潦草。举一例,立一证,下一结论,都不苟且,即谨,即是慎。"和"字,我讲作心平气和,即是"武断"的反面,亦即是"盛所凌人"的反面。进一步看,即是虚心体察,平心考察一切不中吾意的主张,一切反对我或不利于我的事实和证据。抛弃成见,服从证据,舍己从人,和之至也。刘安世原文说,"其间一后生应声曰,'勤谨和,既闻命矣。缓之一字,某所未闻!'"。我说,"缓"字在治学方法上十分重要。其意义只是从容研究,莫匆遽下结论。凡证据不充分时,姑且凉凉去,姑且"悬而不断"。英文的 Suspension of judgment,即是暂且悬而不断。此事似容易而实最难。科学史上最有名的故事是达尔文得了他的生物演变的通则之后,几十年中继续搜求材料,积聚证例,自以为不满意,不敢发表他的结论。又如治梅毒的药,名"六○六",是试验六百零六次的结果;其名"九一四"者,是试验九百一十四次的结果。此皆是"缓"的精神。凡不肯悬而不断的人,必是不能真做到勤谨和三个字的。

以上胡说,偶尔信笔谈谈,或可供吾兄的印证许可。

大札论《通鉴》与《左传句解》两案,都极有历史重要性。

段玉裁曾说:

> 校经之法,必以贾还贾,以孔还孔,以陆还陆,以杜还杜,以郑还郑。

吾兄的方法,与此同一理。我们考证《水浒》,考证《红楼梦》,指出各种版本的沿革,其实也是同一个方法。

不能再谈了,敬问双安,并祝同人安好。

适之　卅二,五,卅夜

(《胡适遗稿及秘藏书信》第18册)

思想不可变成宗教
——答陈之藩（1948年3月3日）

之藩先生：

谢谢你两次的长信。请你恕我没有正式回答你第一信。

我那篇《我们必须选择我们应走的方向》,[1]是答你的信。当时我很忙，就没有剪寄给你，——当初是在全国四十多家日报上发表的。

我很高兴读你半年来思想演变的经过。我很佩服你能保存一颗虚而能受的心，那是一切知识思想进步的源头。

思想切不可变成宗教。变成了宗教，就不会虚而能受了，就不思想了。

我宁可保持我无力的思想，决不肯换取任何有力而不思想的宗教。也许有人说，这是同"葡萄是酸的，我本来不想吃"一样。

关于你问我那几点，不一定我都能回答。只说几点罢：

（1）别说缓不济事，缓不应急。这是"任重而道远"的事，不可小看了自己。

---

[1] 胡适此文作于1947年8月24日。——编注

我曾引戊戌维新人物王照先生说:"天下事哪有捷径?"他曾说:"戊戌年,余与老康讲论,即言'……我看止有尽力多立学堂,渐渐扩充。……'老康说,'列强瓜分即在眼前,你这条道如何来的及?'迄今三十二年,来得及,来不及,是不贴题的话。"(我的《论学近著》一,页470)。此话至今又十八年了!戊戌至今五十年了!这话很像是代我答你了。

(2)一切"恶连环",当用齐国君王后的解法。她用铁椎一敲,连环自解了。从你能做的做起。

(3)"善未易明,理未易察",就是承认问题原来不是那么简单容易。宋人受了中古宗教的影响,把"明善""察理""穷理"看得太容易了,故容易走上武断的路。吕祖谦能承认"善未易明,理未易察",真是医治武断病与幼稚病一剂圣药。

(4)关于"孔家店",我向来不主张轻视或武断地抹杀。你看见了我的《说儒》篇吗?那是很重视孔子的历史地位的。但那是冯友兰先生们不会了解的。

将来你来北平,盼望能来谈谈。

祝你好

胡适　三十七,三,三

思想不可变成宗教

March 16〔三月十六日〕答信[1]

"也许'善未易明,理未易察'是我近年不大说话的大原因。"

"也许发现一个英年的陈之藩可以打掉一点暮气。谁晓得?"

胡适　三十七,三,三

(《胡适来往书信选》下册)

---

[1] 这是胡适写在一张便条纸上,粘在信稿上面的。

存疑精神与宗教信仰
——答朱文长（1953年6月16日）

文长：

谢谢你六月十日的信和附寄的长文。

我劝你最好暂时不要发表这篇文字。因为这文字里有许多地方是很可以引起反感或误会的。

我是一个"存疑论者"，即是你说的"不可知论者"。但在中国思想传统里，Agnosticism & Atheism 都没有像基督教国家里那种"罪大恶极"的贬义，故我有时也自称"无神论者"。其实我确是一个无神论者。

这点存疑的态度是中国思想传统里一点最有意义，也最有价值的怀疑精神，他的最明白的说法就是孔子说的"知之为知之，不知为不知，是知也"（这是很影响我一生的一句话）。孔子的存疑态度见于《论语》"子路问事鬼神"一章。

子路问事鬼神，子曰："未能事人，焉能事鬼？""敢问死。"子曰："未知生，焉知死？"

这寥寥几句话，在中国思想史发生了很大的作用。我看后来的哲人，如宋明的理学家，特别是二程与朱子，都很受这几句话的影响。

我的存疑论或无神论与铁幕内的"反宗教者"有一点根本不同,我觉得这个社会能容忍我的无神论自由发表,我应该报答以同样的容忍。我少年时也曾因为主张"破除迷信",曾有很不容忍的议论。但廿五岁以后,我总努力克制自己,对自己的存疑态度虽绝不放松,而对他人的宗教信仰则总努力谅解、容忍。故当中国开始提倡反宗教的时期,我曾与周作人诸人发表一篇短宣言(此文现在已不可得了,不曾收入《文存》去,因原稿似是周作人拟的),表示我们不赞成这种不容忍的态度。

你在我家住过,也许知道我的 Collection of Bibles 在中国算是第二大收藏。北京圣经会百年(?)纪念时,我的英文演说现今有一长段收在"A Book in Thousand Tongues"里。

但我细读你的长文,颇感觉你的思考方法不细密,立论的态度也不够忠厚。不够支持(defend)你的信仰,也不够说服他人的不信仰。

你说我的态度是:"你信上帝,很好。不过你如果要我信上帝,拿证据来!"这话大致不错。

但你举的证据都不是能站住的,只可供信仰者信仰,而不能叫不信者不疑。

你看了我的《言论集》,你说我非常推崇四福音。我并没有把"四福音"并作同等的史料或传记文学。手里没有《言论集》,

但我记得，我明明说《约翰福音》是很晚出的书，不能比前三部福音。此三福音可以当做传记文学看，也可以当作宗教经典看，各依读者性情所近，都可以有所得。

你虽然是虔诚的基督徒，但我猜想你没有用你的史学方法来研究过这部《新约》，特别是这一百多年来西方基督教学人已很有成绩的"四福音问题"与"三福音（the Synoptic Gospels）问题"。如果我的猜想不太错，我很盼望你在这方面用点功夫，试读牛津的 B. H. Streeter's "The Four Gospels" 做起点，然后读 Harnach, Baur 诸人的书。必须研究过"三福音"的同异，然后可以明白"三福音"如何先后造成，哪一部分是三书共同的，哪一部分是马太独有的，哪一部分是路加独有的。明白了这大致同源的"三福音"，然后可以明白"第四福音"是很晚出的，是另一环境，另一空气里的新作品，故其中的事迹与言论思想往往与前三福音相差异。

研究了"四福音"的同异，然后可以承认这些书与《使徒行传》等书的史料价值的等级差异。

传记文学有古今的不同，也有东西的不同。自传与他人作传也有大不同。我指出"三福音"是传记文学，并不含有"默认了〔他们〕并非伪造"的意思，也没含有"好的传记文学必须是忠实的"的意思。例如《论语》《檀弓》是孔子的传记材料，《孔子家语》也是孔子的传记材料，但前二书是很早出的，《家语》是几百年后的晚书。我儿童时爱读《家语》，同爱读《聊斋志异》差不多。

但廿五岁以后就不信《家语》是史料了。

"三福音"里的耶稣言语，比较可以信为出于一种或两三种先后同时人的记载。其中所记事迹与"奇迹"，即使来源甚早，大都须用批评的眼光去选择，不可以为出于圣典，即无可疑。

即如你看见的《胡适言论集》，确是同时人用速记方法记下来，后来又从速记符号改写出汉字来的。但我自己略略翻看，已觉得其中错误不可胜计。大概是：我有较详细的 note 交给记者的，大错就少些。我若没有详细的纲领给他们——如《水经注》一篇——就错到绝顶荒谬的地步！速记方法——无论中西——只能记音，而不能同时叫各个速记者都能懂得说的什么思想。从记音的符号改写成文字，往往连篇不成话了！

其实记音也不一定正确。例如你引的一段笑话，我说的是 Iddy，而记出的是艾培！

以上说的是要劝你不要忘了你生平学的史学方法，要多多用一点怀疑态度来评量圣典圣经。

例如你引的《约翰福音》第九章的用唾沫和泥使瞎子眼明的故事，你当然可以自己相信，但不能叫不信的人相信。我则劝你自己也要试多用一点怀疑。你受过史学训练，岂可以说"耶稣将这些斩钉截铁的话载入纪录"——这是全无根据的话。

不"讥嘲"你所谓有"直觉"能同上帝发生直接关系的人，也从来不"讥嘲"你所谓"有答案的人"。但你自己这篇长文颇不免"讥嘲"我们这种没有宗教"直觉",也没有"答案"的人。这里面的态度是不像你平日的忠厚,也不是我平日所自律的容忍。

你必须平心静气地明了世上自有一种人确不能信任一切没有充分证据的东西。他们的不能不怀疑,正如某些人的不能不信仰一样,——一样是性情上的根本不同。

W. James 说的两种不同的性情,最有道理。某些科学家在实验室里已养成了"拿证据来"的习惯,所以能有点科学的成绩。但出了实验室,进了礼拜堂,在这一方面,他们没有那后天的严格训练,只有那自少至老的一套传统习惯,所以他们就不知不觉地(或自觉地)随顺那本来(先天)不能不信的性情了。

严格的训练可以挽回一点,补充一点,但根本还是一个性情上的不同,无从勉强。

但你说的有些话,确使我有点担忧。

你说,"灵魂的存在是事实,灵魂的归宿上帝也已经借着《圣经》有了明白的指示"。这正是我说的你不能不信,我当然不能阻止你,也不愿意劝阻你。

我担忧的是你引用《启示录》《希伯来书》一类的材料,毫无一点怀疑,使我忧虑你的史学方法训练太不严格,故毫无鉴别材料的眼光。

第二,我忧虑的是你的眼光太窄,心地太窄,不能明白世上自有不能信任没有完全证据的东西的好人,故你忧虑这种没有同你一样信心的人就会"成为无希望的，痛苦的，投降的，以至于团团转的"！这种心理是很不忠厚的。你完全不能承认达尔文、赫胥黎一流人确是富贵不能淫，贫贱不能移，威武不能屈的圣贤。

这种狭窄的心地是不容忍的根苗，故最可虑。

至于你批评生物进化论一长段，也表示你实在没有研究过这些科学问题，所以毫不明白这九十年来的比较解剖学，胚胎学与组织学，地质学与古生物学上的证据，都足以证实 evolutionism 的大假设。（试读几种关于 Evidence of Evolution 的书，或可以破除你的许多成见。）（这一种信纸完了，只能打住了。）

我劝你暂时不要发表此文，但我也很感谢你让我看看此文。我们相别太久了，有这机会长谈，是很难得的。

请你不要怪我太爽直的说话！

适之　四二，六，十六夜半后一点

此信匆匆写了，匆匆寄出，不曾留稿。也没有工夫细细改过。将来便中请仍寄还我。

适之

（《胡适之先生年谱长篇初稿》第 6 册）

训练良好的工作习惯
——复陈之藩（1957年5月2日）

之藩：

对不起！你的四月十六日的长信，我还没答复，你提出的问题太不容易答复。那是迟迟不答的真原因。

主要的说明是人性的不同，James 所谓哲学的派别争论其实却由于有 hard-minded 与 soft-minded 两大区别。费密（明末清初人）也指出人"沉潜刚克"与"高明柔克"的两大类。［但他加上"平康正直"（中行）第三类。］

同样重要，而稍次一等的，是每个人一生的训练，训练是"一言难尽"的，是"终身以之"的，是随时随地不可放松的——所谓"造次必于是，颠沛必于是"。平日的训练，一旦偶然放松，人的性情或早年先入的成见就无意中流露出来了。

例如，Sir Oliver Lodge 治物理学，那是他的训练。他信鬼，信灵魂，那就是性情流露与他的训练没有大关系了。

我在《丁传》里（页五五——五九，九七——一○七）（指出他的"宗教"见解，他用动物学知识来说明来证明！）他所谓"宗教"（即"为全种万世而牺牲个体一时的天性"），我曾指出他这个宗教见解,在无形之中,曾影响他对于苏俄革命及所谓"新式的独裁"的看法。这是性情的表现,其实同他的动物学与地质学无大关系。

我平生留意方法的问题,方法是可以训练的。这种训练正是我所谓"随时随地不可放松的"。你所说"胡先生的看法常常是无大误",很可能的是这种训练的一点点成绩,也就是你所谓"由于你的谨严的精神"。

你曾看见我写给王重民的一封信吗?(曾登在抗战时期的《图书季刊》新五卷一期。)我在那篇短文里,曾用古人论从政(做官)的四字诀来说明"治学方法"。那四个字是"勤、谨、和、缓"。

勤即是眼勤、手勤,即是"上穷碧落下黄泉"的勤求材料,勤求事实,勤求证据。

谨即是一丝一毫不苟且,不潦草,举一例,立一证,下一结论,都不苟且,即是谨,即是"敬慎"。

其余两字,同样重要,你好像不大注意到。"和",我解作"心平气和",解作"平心静气",解作"虚心体察"。(西方宗教所谓 humility,其实并不十分 humble,平心考察一切不合吾意的事实和证据,抛开成见,跟着证据走,服从人,"和"之至也。)

"缓"字在治学方法上也十分重要。其意义只是从容研究,莫急于下结论。证据不充分时,姑且凉凉去,姑且悬而不断(suspending one's judgment)。

所以我中年以来，常用这四字诀教人，常说，科学方法不是科学家独得或独占的治学方法，只是人类的常识加上良好的训练，养成良好的工作习惯，养成了勤、谨、和、缓等良好的习惯，治学自然有好成绩。

现在可以谈谈你所谓"情感""真实情感""一团火"等等名件了。

因为我注意良好的工作习惯，因为我特别重视"和""缓"两种美德（良好习惯），所以我很感觉"情感""火焰"等等在做学问的过程上是当受"和"与"缓"的制裁的。

我所谓"随时随地不可放松"的训练自己，其中一个重要"场合"就是我常说的"正谊的火气"。我最佩服的两位近代学者，王国维先生与孟森先生，他们研究史学，曾有很大的成就，但他们晚年写了许多关于"水经注疑案"的文字却不免动了"正谊的火气"，所以都陷入了很幼稚的错误，——其结果竟至于诬告古人作贼，而自以为主持"正谊"。毫无真实证据，而自以为是做"考据"！

其实现代许多赞成列宁、斯大林那一套的知识分子，他们最吃亏的，我想还是他们对于社会问题某方面的一点"正谊的火气"罢？

所以你说，读我的文字"连一朵火焰也看不见"，这是很大的赞美辞，我怕很少人能承当。我是不敢承当的。

你说，清代三百年的考据时代"主要是因为不自由的环境下，不能由人随便说出真心的感情……"这其实是妄说，不可误信。考据的学风是两宋（北宋、南宋）就开始了的，并不是近三百年的事。欧阳修的《集古录》，司马光《通鉴考异》，赵明诚《金石录》，朱熹、洪适、洪迈，并不必"把情感压下去"，他们是考据学的开山人，因为他们生在学术发达时代，感觉有辨别是非真伪的必要了，才运用他们的稍加训练纪律的常识，用证据来建立某些新发现的事实。这才是考据学的来源。

这种辨别是非真伪的热情，也是一种情感，并且是一种有大力量——也有火焰——的情感。

试读崔述的《考信录提要》或戴震的《孟子字义疏证》，你一定会感到火焰的热力。

故我不赞成你说的"考证的路"确实是科学的，然而"并非健康的"。你仔细想想，哪有"确实是科学的"东西而"并非健康的"！

你举的 Einstein 的故事，大概是不可靠的。Einstein 是天才和训练和合的人物，但他在某些方面稍稍放松他的言论，就不足为训了。

不写了，祝你好。

胡适　一九五七,五月,二日

（陈之藩《在春风里》文星版）